Parenting
with
Love and
Wisdom

这样爱你刚刚好，我的高二孩子

朱永新 孙云晓 孙宏艳 主编
蓝玫 副主编 张旭东 本册作者

CNS 湖南教育出版社

把幸福还给家庭（代序）

父母的教育素养，直接影响甚至决定着孩子的发展。

在教育中，家庭是成长之源。一个人的一生有四个重要的生命场：母亲的子宫、家庭、学校和职场。其他三个场所随着时间改变，家庭却始终占据一半的分量，是最重要的场所。孩子的成长，最初是从家庭生活中得到物质和精神的滋养。人生从家庭出发，最后还是回到家庭。

在家庭教育中，父母的成长是孩子成长的前提。家庭教育不只是简单的教育孩子，更是父母的自我教育。没有父母的成长，永远不可能有孩子的成长。与孩子一起成长，才是家庭教育最美丽的风景，才是父母最美好的人生姿态！抚养孩子并不仅仅是父母的任务，也是父母精神生命的第二次发育。对孩子的抚育过程，是父母自身成长历程的一种折射。如果父母能够用心梳理孩子的教育问题，就能回顾和化解自己成长中出现的问题，就能实现精神生命的第二次发育，再次生长。

过一种幸福完整的教育生活，是家庭教育的根本朝向。“幸福”不仅仅是教育的目标，更是人类的终极目标。幸福教育是幸福人生的基础。新教育实验的理想，就是让人们快乐、自主地学习，真正地享受学习生活，发现自己的天赋与潜能，在和伟大事物遭遇的过程中发现自我、成就自我。教育本来就是增进幸福的重要途径。挑战未知，合作学习，应该是非常幸福的。所以，家庭应该和学校、社区一道，努力创造让孩子幸福成长、快乐学习的环境。把童年还给孩子，把幸福还给家庭，是我们这套教材的核心理念。

“完整”的内涵比较丰富，但最重要的精神就是让孩子成为他自己。现在教育很大的问题，就是用统一的大纲、统一的考试、统一的评价，把本来具有无限发展可能的人变成了单向度的人。我们的教育是补短，就算把所有的短补齐了，也只是把所有的孩子变成一样了，而不是扬每个孩子所长。其实，真正的教育应该扬长避短。人什么时候最幸福？发现自己才华，找到自己值得为之付出一生努力的方向，能够痴迷一件事情，实现自己的梦想，一个人在这时才是最幸福和快乐的。这就是新教育所说的完整幸福。

如今，教育是父母最关注的问题，但家庭教育却在父母的焦虑中常常脱离了正确的轨道。为了“幸福完整”这一目标，我们的父母应该建设一个汇聚美好事物的家庭，自身也应该成为美好的人，从而帮助孩子成为更好的自己。

理念比方法更重要，但并不意味着方法没有价值，相反，只有好的方法才能让好的理念真正落地。因此，我们邀请了知名教育研究机构的相关专家，精心编写了这套新父母系列教材。这是国内第一套从孕期开始直到孩子成为大学生的父母系列读本，希望能够为不同年龄、不同阶段孩子的父母提供蕴藏正确理念的有效家庭教育方法。

父母对孩子的爱，再多也不嫌多。父母如何爱孩子？随着时代的变迁，方法也在不断改变。如何才能更好地爱？我们以“智慧爱”的理念，探索着充满智慧的、恰到好处的爱的方法，对此还在不断研究之中，这套书也会不断修订。希望广大父母读者及时提出意见与建议，让我们一起完善这套书，让我们对自己、对孩子、对世界，都能爱得刚刚好。

朱永新

2017年6月16日写于北京滴石斋

目 录

第 一 章

“野蛮生长”的小青年和“二次成长”的中年人

1

1. 了解孩子形体变化，做孩子的健康顾问

有位妈妈在微信圈里吐槽，上高二的女儿明明周末有课外班，但头一天晚上怎么催都不睡，第二天早晨怎么叫都不起。最可气的是，女儿起来之后，对着镜子，摆弄完头发又摆弄衣服。这位妈妈在旁边掐着表，心里那叫一个火儿，而经验告诉她，这个时候一言不合就会争执起来。

这一幕是不是很多父母都很熟悉呀？孩子摆弄发型和装扮，想"显瘦"、爱臭美。对于孩子镜子前的逗留打量，父母是不是忧喜参半呢？

大多父母会欣然接受孩子个头比自己高出一头，也会惊讶孩子的其他变化，他们的言谈、举止都试图告诉父母：我已经长大，我已经不是那个时常需要保护的孩子，更不是一味接受别人思想的人。微妙有趣的是，这个雄心勃勃的小青年还不能完全自信，来自父母的支持依然被他十分看重。

孩子对自己胖瘦、美丑等身体状貌的主观感受，对他们的自我评价和同伴交往有重要影响，进而影响到个性发展和社会关系。因此，父母引导孩子正确看待形体变化，帮助孩子进行形体管理很重要。

孩子形体基本成熟

——初具成年人的体型。高二孩子已经度过生长高峰期，身高、体重的增长明显放缓。因为发育早晚不同，还有部分孩子的身体比例不够协调，但大多数孩子已经具备成年人的体貌。

——与体型变化相关的是孩子体内肌肉和脂肪比的变化。男孩的肌肉增加较多，脂肪会有所减少，使他们看起来更强健；女孩脂肪增加得较多，身体线条更柔和。

——孩子的真实感受。有一些男孩会因为肌肉增加不够而对自己的形体不满；脂肪的快速增长会让不少女孩过度关注自己的体重，她们往往对自己的形体更为不满。

形体管理三要素：营养、锻炼和睡眠

父母基本上都懂得影响形体的三要素：合理的营养、充足的睡眠、定期锻炼。然而孩子却不一定在乎，他们会倾向于吃一些简单快捷的食品，或者把垃圾食品当作零食；捧着 iPad 不挪眼睛，一动不动地熬夜玩游戏。正是这些导致孩子体重超重或者过于消瘦，感到无精打采，甚至容易情绪低落，明明自己也算努力可是成绩总是没有起色。

确保孩子获得足够的营养

——为孩子设计营养均衡的饮食，尽量同孩子一起吃家里的饭菜。关掉电视，花些时间一起做饭，一起享用食物。

——让孩子下厨，自己动手。问问孩子想吃什么，全家集体去采购。如果孩子兴趣不大，也可以提醒他这是学习独立生活的技能，可以为今后的大学生活或者自立做准备，可以用奖励不洗碗之类来带动孩子。

——可以在APP上下载做菜软件，参照着做，逐渐积累菜品，并将做菜心得写下，当孩子有兴趣做“大厨”时可供参考。

——合理安排早餐，存储一些可以随手拿取的早餐食物，如水果、全麦面包、坚果、酸奶等。

家庭养成锻炼的习惯

——鼓励但不要强迫。支持孩子选择的运动，允许运动兴趣的改变。孩子喜欢上了骑自行车或者打羽毛球时，可能放弃多年参加的游泳或者跆拳道，这一点也不奇怪。

——以身作则。很难想象不爱动的父母要求孩子多运动，这效果有多大。因此，如果父母经常运动，如散步、骑自行车兜风、做瑜伽、打太极、跳健身操等，孩子会看到，感受到运动带来的活力，并仿效。

——家里能随时开始运动。有条件的话，家里可以购买运动器材，如跑步机、拉伸器、健身球、瑜伽垫等，可以随时做些简单的运动。

——计划周末、假期的家庭健身。可以远足、登山、游泳等。

小贴士

运动能够刺激大脑，提高学习效果。通过促进大脑血液循环以及氧合作用等各种机制，为大脑提供休息时间，并且刺激神经传递介质（比如去甲肾上腺素和多巴胺）的释放，这种神经传递介质可以强化和激励学习。

对保持心理健康来说，体育锻炼是一种功效非凡的手段，它可以起到稳定情绪和抗抑郁的作用。诸如跑步等有氧运动，可以释放出一种名叫内啡肽的使人感觉良好的化学物质，令人感到安宁、舒适和满足。

有益健康的睡眠

——为保证睡眠质量，父母要注意给孩子提供黑暗和安静的睡眠环境。黑暗有助于促进褪黑素的分泌以及身体的放松，安静的环境也可以促进睡眠。

——提醒孩子别把手机和其他电子产品带上床，并在睡前关闭电子产品的电源，正在充电的电器也尽可能离床远一些。

——不要在周末“补觉”，改变作息时间反而会导致精神状态不佳，最好的办法是周末也保持平时的作息，即使晚睡了也在平时同样的时间起床。

——建议孩子在中午小睡一会儿，有条件最好躺在床上睡，也可以趴在桌上睡。小睡 15~30 分钟就可以达到休息目的。

——提醒孩子不要用茶和咖啡来提神。茶和咖啡中的咖啡因可以使人兴奋，人如果长期饮用会对咖啡因的耐受性提高，需要更多更浓的茶和咖啡才能维持兴奋。而过量饮茶和咖啡可能会导致心律失常，尤其是青少年。

同样重要的是，父母生活起居有规律将起到最好的表率作用。

小贴士

睡眠欲望与一种脑部生成的褪黑素有关，褪黑素分泌越多我们就越想睡觉。高中的孩子，其褪黑素在夜间升高的时间要比刚进入青春期时晚 2 个小时，睡意也就来得晚些，这种情况会一直持续到 20 岁左右。虽然倾向晚睡，但他们每天仍旧需要 8 ~ 9 小时的睡眠，因此，在上学需要早起的日子，他们早上会比较困倦，不仅起床困难，有的还会在上课时打瞌睡，而一到周末，很多孩子就会晚睡晚起。

2. 孩子思维发展已接近成人水平

妈妈：你的房间太乱了，应该收拾了。

孩子：哦。

妈妈：我说，你现在就必须收拾。

孩子：这是我自己的事情，我会安排时间来做。

妈妈：你打算什么时候收拾，我受不了这个乱。

孩子：那您先把我的房门关起来，我觉得这样挺好的。您为什么总要规定我的房间是什么样的呢?

妈妈：你喜欢乱是吗? 整齐难道不好吗?（生气）

孩子：我都已经答应按您的要求做了，我自己安排时间不可以吗?

就在很多父母“控诉”孩子让人不省心时，孩子们也在“投诉”父母不把他们当大人，在家做不得一点主。很多父母不知道自己的孩子已经成熟了，仍然习惯把他们当小孩，他们的意见也被当作幼稚之谈。其实孩子也知道自己有许多不足，只是希望得到尊重罢了，有时候顶嘴还来得振振有词。

孩子“不听话”“想法多”“会气人”“总有理”“说不到一块

儿”……这些都反映了孩子在认知或思维方面的发展特点。“不听话”是因为孩子有自己的想法；“想法多”是因为孩子的创造性思维发达；“会气人”主要是因为孩子能够洞察父母的想法并提前做出回击；“总有理”是因为孩子的逻辑严密；“说不到一块儿”是因为父母和孩子看待问题的角度不同。

善辩的孩子逻辑思维能力强

逻辑思维的假设性和预计性使孩子在解决问题之前能事先进行打算，形成计划和方案，猜想一切可能，对结果进行预先判断；还能让孩子学会换位思考，理解别人的观点，促进他们的社会交往行为。

逻辑思维的内省性标志着孩子有了自我反省的能力，也可能导致他们出现偏激的想法，比方极端关注自我的行为，走在大街上会认为行人都在看她刚剪的发型，或者认为别人都不能理解自己考试失败的感受。

孩子思维的不断发展除了会偶尔给自己带来麻烦之外，也会给父母带来挑战。他知道自己考试前去和朋友看电影会遭到父母反对，之前就会想好怎么应对父母。

高二的孩子更加善辩，喜欢通过逻辑推理找出别人话语中的漏洞，他们质疑的首要对象往往就是父母，他对父母的缺点变得更加敏感，也许会说“您像我这么大的时候不也一样吗”来怼父母。

小贴士　逻辑思维能力

逻辑思维能力是指正确、合理思考的能力，即对事物进行观察、比较、分析、综合、抽象、概括、判断、推理的能力。经过逻辑思维，人们对事物的认识才能达到对具体对象本质规定的把握，进而认识客观世界。

灵机一动，跳出常规：创造性思维迅速发展

拥有创造性的思维方式，遇到问题时，能从多角度、多侧面、多层次、多结构去思考，去寻找答案，既不受现有知识的限制，也不受传统方法的束缚。因此，创造性行为很少出自逻辑与推理，惊人的想法往往不期而至，因而数学家们常说灵感之产生与孩子正在做什么全然无关。

有许多孩子有这样的体验：也许他在运动，也许在和伙伴们打打闹闹，也许在随便想着什么，灵感“从天而降”。创造性过程并不因美好的愿望而闪现，实际上，在孩子的精神充分放松、思维自由翱翔时，灵感女神或许已悄然叩动着未启的心扉。

这种情形类似于孩子低年级时热衷于和父母玩脑筋急转弯，父母苦思冥想不得其解，最终几乎要知难而退的时候，孩子告诉简单的答案，父母往往会瞠目结舌后会心一笑。

高二的孩子创造性思维能力发展迅速，他们喜欢向问题提出挑战，像有些孩子着迷于机器人或者象棋比赛一样，闲暇玩乐的愉悦

形成了灵感产生的氛围，因此他们会妙招迭出，而这些孩子并不见得各方面都表现出色。

教育的一个重要目标就是帮助孩子变得更具创造力。一个问题，如果循规蹈矩，难以解决，不妨引导孩子放开思路，跳出常规解决模式，或许会豁然开朗，发现问题的答案何其简单。

小贴士　相信孩子的创造性

陶行知先生认为，人人是创造之人，没有年纪大小的差别，也没有愚钝与聪慧的区别。时时是创造之时，而且往往是在山穷水尽时柳暗花明，创造的契机真正来临。所以，教育者最需要的是信任。要信任孩子的创造才能，相信孩子的创造激情。（摘自朱永新《大师教你做父母》）

喜欢质疑的背后是多角度的思维方式

高二的孩子会通过更复杂的角度来看待事物。这对他们认识自我和他人有重要的意义，他们会描述自己在熟人面前爱说爱笑，在生人面前有点害羞，而不再把自己笼统地定义为一个内向或外向的人，会尝试去发现自己的更多面。

他们也会试着从别人的观点来看待问题，认识到人们的个性都不是单一的，同一个问题因为个人观点不同可以有不同的解释，这些认识帮助孩子形成更复杂的观念，同时也能处理更复杂的人际关系。

多角度的思维能力有时候也会给孩子和父母带来困扰。孩子在一段时间内会觉得所有事物都是相对的、不确定的，这使他们对父母认为绝对正确的价值观也持怀疑态度，他们喜欢说“那也不一定吧”“好吧，您说的只代表您自己”，或者保持沉默，这点尤其会激怒父母。其实他们并不是在挑衅，而是在通过质疑深入理解更为复杂的知识，在这段时间里其实他们也是迷茫的，不知道到底选择哪个角度来看待问题更好。

父母可以放心的是，虽然他们认识到一些社会习俗或规范是可以争议的，但他们还是很少做出太出格的事情。

开展家庭辩论、让孩子参与家庭计划，促进孩子逻辑思维发展

有些平时不爱说话的孩子在进入高二后也会喜欢辩论，这表明孩子处于逻辑思维发展的敏感期。在学校，各科老师都会组织一些课堂辩论活动，提高孩子思维的假设性。比方，当孩子支持“破坏共享单车是违法行为”的观点时，他需要先假设自己是站在“破坏共享单车不是违法行为”的立场，思考自己说些什么理由，怎么说，这么说的逻辑是什么，这样才可能抓住反驳的要点。

父母可以把和孩子之间的争论转化为辩论，除了孩子关心的社会问题外，家里也有很多事情值得辩论，例如孩子应该怎样使用手机。当父母带着辩论的想法和孩子交流时，能更客观、平静地倾听孩子的想法，有利于和孩子达成共识、化解矛盾。

高二是孩子发展预计性思维的重要时期。除了提醒孩子制订学习计划之外，父母可以让孩子参与更多的家庭计划，小到家庭周末安排，大到全家出游的旅行攻略，都需要综合考虑天气、家庭成员的兴趣爱好、必备物品、消费额度、时间安排、最佳路线、交通方式、安全问题等等。父母可以先交给孩子去考虑，然后再进行补充，促进他计划的周密性。

让孩子提出尽可能多的想法

给孩子创造激发创造力的机会和情景，鼓励孩子提出尽可能多的想法。日常生活中如何节约水电、家里遇到停水停电等突发情况，甚至是家庭投资等规划，都可以和孩子进行一次随机的家庭头脑风暴。头脑风暴是无限制地自由联想和讨论，目的在于产生新的观念或激发创新设想。

孩子的想法也许不切实际，但不要急于纠正，只需要继续往下讨论，孩子思想的闪光点就会在不经意中出现。在学校的讨论中，孩子有可能消极参与，但在家庭讨论中他不得不承担重要的角色。

激发孩子提出更多的想法，父母就要避免过分控制，事无巨细都给孩子设定好路径和程序，“你只要按照我说的去做就行”，那是在告诉孩子任何独创性的想法都是错误，所有探索都是浪费时间。

兴趣有助于激发孩子的创造性动机。根据孩子的兴趣，和孩子分享一些创新作品，和喜欢工科的孩子共同关注一些与科技有关的

微信公众号，和喜欢音乐的孩子讨论更多的音乐形式，有机会的话，可以让孩子和这些方面有经验的人接触。在个人事物和家庭生活中合理地采用孩子的建议，让孩子不断获得成功的体验，也能有效激发孩子的创造动机。

学习做多角度思维的父母

孩子怀疑家长的想法不等于否定父母，父母如果能够以开明的态度对待孩子对父母的怀疑，能够换角度思维，无疑也是给孩子最好的榜样。

——转换立场。父母尝试站在孩子的角度看问题，或者来一次角色交换体验，试着让孩子扮演父母："别跷着二郎腿坐着，真难看"，"我为你做了那么多，你却无所谓"，"我感到你有些难过，我可以为你做点什么吗"；反过来，父母也可以模仿孩子的行为或者语言。

——转换学科。有很多物理现象蕴含着哲理。例如骑自行车的时候，在动态中更容易保持平衡，一旦停下来就容易摔倒；有一句谚语是"不怕慢就怕站"，启示我们学习工作需要持之以恒的努力。这种转换学科形成的多角度思维有利于发展孩子的知识迁移能力。

——转换时空。走在马路边上，我们会注意到砖缝里长出的小草或野花，而在大片的绿地中却不会注意到，这是因为花草生长的背景不同。高二的孩子更多地关注眼前的事物，还不能很好地结合背景考虑问题，在日常生活中可以通过转换时空进行思考，让孩子更多地关注背景。

——通过怀疑形成多角度。怀疑是对既有事物或结论的不信任，是对肯定的否定，这就有了肯定和否定、正和反的两个思考角度；从事物的相互关系中形成多角度，任何事物都同其他事物相关联，即使同一事物的内部，也存在着相互依存的关系，而构成其相互关系的不同方面，也就形成了认识它的多角度。

3. 不惑之年的“二次成长”

高二孩子的父母大多40多岁，所谓的不惑之年，但在孩子教育问题上仍然会困惑不少。孩子小时候，父母的主要作用是抚养和保护，现在更多的是给以支持和引导。孩子还不能完全认识自己和自己正在发生的变化，更需要父母理解他们正在发生的变化；父母反观自身，与子女形成共同的感受，才能给以适时的帮助。这样的转变对人到中年的父母来说并不容易，父母也需要不断成长。

身心发展也不平衡

人到中年，生理功能在不知不觉中下降，但经验日益丰富，知识仍在积累增长，体力的逐渐衰减和心理能力的继续增长，是中年期的身心特点。

中年人的心理能力处于继续向上发展的时期。一个智力正常的人，其心理发展所能达到的高度，既受到社会环境的影响，更与自身的主观努力有关。领悟人生真谛，靠的是经历而不是年纪。如果积极主动地接触社会和新生事物、勤于学习和实践、不断扩展生活领域、不断更新知识、勇于探索，心理能力在整个中年期都会继续增长。

身体器官系统的功能减退难以抗拒，但心理发展可以自我调节。中年人应充分利用心理能力继续发展的优势，不断提高自己的心理品质，促进身心和谐发展。反之，不良的心理可能加剧身体衰减。

“70后”的困惑

高二孩子的父母以“70后”为主体，是伴随着改革开放和中国社会体制转型而成长起来的一代人，是第一代看着电视长大的中国人，有比较明显的特征。

“70后”成长在快速变迁的时代中，中国用40年的时间走过了西方社会200年的历程。这一代人经历过国家闭塞、贫弱的阶段，有的自身有过贫穷的经历，面对突然打开的世界，就像山里的孩子走入大城市一样，内心难免惶惑，缺乏坚定的文化自信，即便经济条件较好，安全感也不足。

为人父母后，在教育方面尤其纠结：有的已经认识到教育的本质并非仅仅追求书本知识和分数，但心里想着“素质教育”，付出的行动仍集中在孩子的学业方面，还有的在不同的教育理念之间来回摇摆不定。

父母对教育的焦虑，或多或少有着时代的烙印。这种焦虑是很正常的，适度的焦虑会促使父母自身进步，并推动教育进步。如前面为镜子前的孩子生气的母亲，过度的焦虑有损身心健康，并会对孩子的自信心和独立性发展产生负面影响。

亲子之间的隔阂

多数高二孩子与父母的冲突不会像刚进入青春期那样激烈和频繁，但其思维的变化带来亲子之间观念的隔阂，仿佛平静河面下的暗礁和激流，可能让父母觉得更加劳心，也降低了父母对婚姻和生活的满意度。

心理损耗主要来源于父母对孩子变化的不适应，会不由自主地因为孩子对自由自主的向往而紧张，因为孩子的渐渐远去而失落，因为孩子思想和行为的独立而产生失落感和不被信任感，有的父母会比较偏激地认为：哈，孩子大了，不要我了。

如果父母坚持用强硬甚至对抗的方式维护自己的权威，会更加累心，而孩子会因为父母太强势，或成为听话的“巨婴”，或更加叛逆。

小贴士　《少年时代》（*Boyhood*）父母与孩子的共同成长

本片讲述男孩梅森从 6 岁到 18 岁的成长经历，导演花了 12 年时间来完成这部作品。影片看似流水账似的描画了孩子的成长，梅森由一个萌萌的小孩子，变成有点小肥的懵懂少年，又变成瘦削的、长着青春痘的高中生，然后独自上路奔向大学；以及父母亲各方面的变化，妈妈由瘦变胖又由胖变瘦，努力地一边学习一边工作，皱

纹悄悄地爬上她的眼角，爸爸从一位不羁摇滚青年变成儿子面前稳重、幽默的中年人……没有美化和装饰，平静而真实，让观众细致入微地体会岁月流逝的痕迹。

从孩子的角度，他经历了父母吵架、离异与再婚，兄妹间的怄气，被学校刺头欺负，逃学，初恋、性启蒙，搬家、换学校，当然还有升学等；从父母的角度，他们的爱恨情仇，不可避免地与子女的成长牵连在一起，用十几年的时光抚养孩子，到孩子整装待发离家去上大学，酸楚甜蜜交织的回忆里，母亲失声痛哭，过往琐碎、稀松、平常的日子怎么就成为随风往事……无论是成长中的孩子，还是渐渐老去的父母，每个人的生命里其实发生了很多很多，正是这些看似平凡的日子，里面充满了生活的意义。

与孩子建立情感联结的几个建议

有位妈妈正帮助读高二的孩子收拾房间，看见书桌上放着一本日记本。妈妈一直怀疑孩子早恋，于是忍不住翻看了几页。孩子知道后，一直冷脸对妈妈。

孩子是怎么知道妈妈看了他的日记的呢？因为妈妈发现有两个错别字，顺手拿起笔就圈上了。

如这则笑话里的一样，父母的“修改欲”“窥探欲”会让孩子对父母摆臭脸，父母要避免这样的雷区。建立与孩子的情感联结靠的是信任、尊重。

——进入孩子的内心，他们永远不会希望自己是麻烦的制造者。无论孩子多么强烈地抗议父母干涉了他们的自由，但实际上，他们仍然需要得到父母的指导。

——孩子需要通情达理、和善坚定、对他们有信心的父母。能够捕捉到他们情绪背后发出的信息的父母会得到孩子的尊重和爱。

——如果想知道孩子的想法，可以直接询问孩子，而不是“搜索”。问了没答案也是一种答案。

——幽默、微笑、宽容是拉近与孩子距离的法宝。说教、啰唆、控制则让孩子唯恐避之不及。

——尽量避免责备。

——倾听。

遵循家庭教育法则，别在困惑中迷失

真爱法则

父母对孩子的爱是无条件的，不带任何目的。无论孩子的言行是否符合父母的期待，父母都爱他。无论孩子是否能得到别人的肯定和喜欢，父母都给他不离不弃的爱。在孩子犯错或遇到挫折的时候，父母的爱始终如一。父母的失望、生气和抱怨，会让孩子陷入恐惧、无望和自暴自弃。拥有父母的真爱，孩子的内心笃定，无论遇到什么情况都会勇往直前。真爱是爱护，更是理解和尊重。

尊重法则

孩子不是我们的私有和附属物品，而是独立的个体，父母和孩子之间应该相互尊重。对于高二的孩子，父母的尊重是他最需要的爱，可以让他建立更加积极的自我认识。

尊重孩子的秘密。父母不能要求孩子在自己面前是透明的，应彼此留有适当的空间，父母不可能也不应该控制孩子的思想。

尊重孩子的个性差异。性格表现没有优劣之分，父母对孩子的接纳可以让孩子放下包袱，充分发挥其个性的潜力。

尊重孩子犯错误的权利。父母唯恐孩子犯错误，给孩子传递的是他不被信任和能力低下的消极信息。

尊重孩子选择的权利。如果父母总是替他做决定，当他独自站在人生的十字路口时，会因为缺少决策经验而茫然无措，徘徊不前。

协同法则

孩子需要各方面协同的发展。父母不仅要关注孩子知识、技能和成绩，更要关注孩子的心理成长和人格培育；当有不同意见的时候，要交流，相互理解。

父母和孩子需要协同发展。父母也需要学习和反思，通过学习才能胜任“父母”这个角色，通过反思才能更新自我，年龄不是停滞的理由；孩子的成长需要外界协同一致的助推，需要您整合家庭、学校和社会资源，给孩子创造更好的成长环境。

空间法则

父母需要和渐渐长大的孩子保持适当的距离，给孩子成长的空间，给自己调整身心的时间，给夫妻感情更多的关注。父母健康的身体、良好的心态以及他们之间和睦的感情，会给孩子带来安全感。

回顾与思考

1. 当孩子经历着形体变化带来的困扰时，父母该怎样站在孩子的角度看问题?

2. 怎样智慧地与孩子建立情感联结?作为父母，给孩子做出了哪些相互尊重的榜样?

3. 回忆自己在孩子这个年龄时做过的、不愿意和父母分享的三件事，想想现在对孩子的一些担心是否多余。

2

第二章

帮助孩子认识自己、悦纳自己

1. 正确认识自我

一只刚出生的猫头鹰，没有利爪，没有硬翅膀，人家问这个毛茸茸的东西：“你是谁呀？”

他也问自己：“我是谁呀？”

他问妈妈，妈妈说：你啥都别想，你就好好地吃，美美地睡！

问来问去，妈妈都是这句话回答他。

当他大了一点点，妈妈告诉他：你是一只猫头鹰呀，你是一只可以在夜晚飞翔的猫头鹰呀……

终于有一天，在夜色中，在月光下，猫头鹰展开了翅膀，像妈妈说的那样，如月光般轻盈飞翔！

画面很美，融融的月色，猫头鹰的眼睛晶莹发亮，眼神时而迷茫，时而胆怯，时而渴望，最后两幅画面尤其动人：星空下，小猫头鹰映着蓝色月光的眼睛充满喜悦（特写）；在幽深的森林上空，他朝着一弯月亮奋力飞翔的背影，如一位孤胆英雄（长景）。

可笑吗？我现在就像这只小猫头鹰一样喔，虽然这本 *Billywise* 薄薄的，却和厚厚的《苏菲的世界》一样，讲的也是“我是谁，我从哪里来”，让我好动心。

这是一篇高二学生的随笔，进入青春期后，尤其当孩子被人否定、犹豫不决或者自我怀疑时，孩子会有意识地、深层次地思考“我是谁”。在迷茫中探索时，最需要父母的有力支持。

父母首先要帮助孩子处理好自己和自己的关系，认识、接纳自己，减少自我冲突带来的消耗。

自我认同中的孩子需要父母的理解和支持

我到底是个什么样的人？老师同学认为我是什么样的？我为什么会那么夸张，完全不像是我？我为什么不像某某那样受人喜欢？我以后会成为什么样的人？我如何去适应社会？我以后想成为一个优秀的人，那我现在应该做什么……

孩子需要对自己的能力、优势、交友方式、性格特点、理想、职业方向等问题有足够的了解，把自己的过去、现在和将来，把现实的我与理想的我、别人眼中的我与自己认识的我组合成一个有机的整体来思考，获得平衡而且稳定的认同感，在此基础上确立理想和价值观，并对未来做出思考和规划。青春期的孩子开始意识到这些不同的自我角色之间不一致，却很难整合，给他们带来困扰。而高二孩子进入职业抉择的试验期，他们会不断地思考“我将来要做什么、能做什么”等问题，建立同一性的压力尤为突出，也是关键时期。

同一性指个体对自身及自己生活目标的意识，包括内容和评价两个成分。同一性形成标志着童年期的结束和成年期的开始。

建立同一性是一个耗费精力和情感的过程，仿佛是在拼图，而且这些拼图块四处散落，没有图片可参照，只能一边找一边拼一边想究竟能拼成什么样子。在这个过程中，孩子还会受到各种阻力：不被认可、怀疑自己、对前途迷茫等。在自我认同的过程中，他们需要父母的理解、引导和支持。

小贴士

电影《在世界转角遇见爱》改编自德国莱比锡文学首奖作家伊利亚·托亚诺（Ilija Trojanow）半自传式获奖同名小说。

躺在医院的因车祸而失去记忆的青年亚历山大的身边，来了一位老人，他自称是亚历山大的外公，来自保加利亚。他带来了一张旧照片和一盒双陆棋，并且如数家珍地向亚历山大讲起他小时候的事情。一系列的亲昵行为并不能唤起亚历山大的记忆，反而让亚历山大极不自在。于是，老人能做的只有每天来医院陪亚历山大下棋，跳动的棋子似乎叩动了亚历山大心灵深处的某些东西，两人之间建立起了初级信任。

为了唤起亚历山大的记忆，并且重新鼓起他积极生活的勇气，老人决定带亚历山大开始一段“回家”之旅。两人带了一盆花和一瓶葡萄酒，共骑一辆协力车往南出发。沿途的美景以及老人讲述的人生哲理，让亚历山大的记忆越来越鲜明，回忆起了他的家、童年游戏、他的成长，重新找回了积极生活的信心和勇气。

“回家”为什么能治愈孩子？因为回家即寻找到我们的根：我

是谁，我从哪里来，我该用怎样的方式活出生命。

孩子自我评价低有原因

高中学生有强烈的自我评价需求。他们开始主动地分析自己的内心和思想状态，展开主动的自我评价，但大多数孩子的自我评价波动比较大，尤其是高二阶段的学生自我评价较低，容易妄自菲薄，主要原因有三个：

——升学是最大的压力来源，高二功课难度加大，孩子在学习过程中难免遭遇挫败，因而怀疑自己。

——高二孩子会比原来更多地考虑自己的未来，致使他们的理想自我发展较快，往往会超过现实自我，因为达不到对自我的期待容易自我否定。

——虽然高二孩子不愿意承认，但他们更多地通过比较来进行自我评价，而且他们参照的群体很多：和受欢迎的人比人缘，和长得好的人比相貌，和体格好的人比运动，这样的比较不能不让他们失落。

此外，消极的经历也会影响孩子的自我评价，例如家庭变故、重要考试失利、转学转班等等。

理解并支持孩子的尝试和探索

孩子需要经过充分的实践和探索才能对自己有稳定的认识，他们的尝试可能涉及态度、人格和不同的行为方式：前一天女儿还说想做个与所有人打成一片的“女神经”，今天就要成为高冷的“女神”；儿子一个月前穿了条紧身裤回家，现在又因为想成为“工科狗”而换上宽松的牛仔裤。

父母不要为孩子看似多变的外在而一惊一乍，这些都是孩子在进行角色体验，在环境允许的范围内，这些体验有助于孩子的自我认同形成。

对男孩，父亲应该从男人的角度来与儿子沟通，让孩子体会到如何成为一个男人。高二的男孩对职业发展想得比较多，父亲可以多和孩子谈谈理想，和孩子一起找到切实可行的目标，明确为实现目标所需要做出的努力。

对女孩，除了个人理想之外，父母还需要关注女儿的人际关系，帮助女儿一起解决人际方面的困惑。亲密的友谊是女孩自我认同的重要部分。父母可以教孩子一些增进友谊的技巧，例如不要得理不让人，多为朋友着想，在朋友需要的时候伸出援手，在朋友过生日的时候准备一点小礼物等。

此外，父母对孩子的期望要适当。期望过高，如果孩子感到无法达成，他可能会因为自卑而失去奋斗动力。父母也不要过分强调自己的期望，要允许孩子有不同的意见，并进行尝试。

怎样帮助孩子建立积极的自我评价

以下几个方法有助于孩子建立积极的自我评价：

给以持续的情感支持

虽然同伴的作用越来越重要，但父母客观积极的评价也有重要的影响，尤其在孩子受挫或迷茫的时候，更需要来自家庭无条件的支持。父母还可以与老师交流，通过老师给以孩子赞许，提升孩子的自我评价。

帮助孩子找到影响其自我评价的因素

在孩子消极时笼统地鼓励他："相信自己会成为一个优秀的人""你就是最棒的"之类，作用很小。高二孩子比较反感心灵鸡汤之类的东西，他们需要有人指出具体问题并提出改进建议。

直面问题

如果孩子因为社交问题觉得自己不行，要鼓励孩子积极应对而不是回避，以诚实的态度面对自卑心理、社交技能缺失等问题，积极应对问题的过程本身也会让孩子肯定自我；反之，用逃避的态度对待他自己已经看到的真实情况，这个过程会导致自我否定。

让孩子体验到成就感

发现孩子的优势，鼓励孩子在擅长的领域发展，增加他们获得成功的机会，有利于他们提升自我评价。自我的成长是通过一点点的成就、表扬和成功来实现的。

引导孩子正确看待他人的评价

父母要始终坚定地告诉孩子，最了解他的人不是父母也不是同伴，应该是他自己。每个人都是由自己的经历和感受塑造的，所以最重要的是自己对自己的认识和评价。

面对别人的任何评价，无论好坏，都要让孩子学会分析。比如，同桌说你莽撞、不细致，你不要一听到这话就对自我形象产生怀疑，甚至对学医的理想产生动摇，而要先静下来好好想想他的评价是否符合实际情况，其他的人是否也这么看，如果只有他这么评价，是否因为你不注意细节给他带来了麻烦，例如水杯总是不盖好盖子，水洒到他书上了等等。

经过思考后，接受他人评价中正确的部分，改进行为细节，不给别人制造麻烦；忽视不正确的部分，这并不代表自己的风格。如果受制于别人的评价，不仅增加烦恼，而且不利于开掘潜能。例如，平时在学校不善交际的孩子在外出时大方地与人交往，受到别人的欢迎，父母就可以趁机告诉孩子，如果因为别人评价你内向就为自己设限，会阻碍自己的发展。

鼓励孩子做那个更接近真实的自己

心理学研究中有个有趣的实验——“伤痕实验”。

科研人员向参与其中的志愿者宣称，该实验旨在观察人们对身体有缺陷的陌生人做何反应，尤其是面部有伤痕的人。

每位志愿者都被安排在没有镜子的小房间里，由专业化妆师在其左脸做出一道血肉模糊、触目惊心的伤痕。

志愿者被允许用一面小镜子照照化妆的效果后，镜子就被拿走了。

关键的是最后一步，化妆师表示需要在伤痕表面再涂一层粉末，以防止它被不小心擦掉。实际上，化妆师用纸巾偷偷抹掉了化妆的痕迹。

对此毫不知情的志愿者，被派往各医院的候诊室，他们的任务就是观察人们对其面部伤痕的反应。

规定的时间到了，返回的志愿者竟无一例外地叙述了相同的感受：人们对他们比以往粗鲁无理、不友好，而且总是盯着他们的脸看！

可是实际上，他们的脸与往常并无二致，他们之所以得出那样的结论，看来是错误的自我认知影响了他们的判断。

这真是一个发人深省的实验。原来，一个人内心怎样看待自己，在外界就能感受到怎样的眼光。同时，这个实验也从一个侧面验证了一句老话：“别人是以你看待自己的方式看待你。”不是吗？

一个从容的人，感受到的多是平和的眼光；一个自卑的人，感受到的多是歧视的眼光；一个和善的人，感受到的多是友好的眼光；

一个叛逆的人，感受到的多是挑剔的眼光……可以说，有什么样的内心世界，就有什么样的外界眼光。

毕竟，在这个世界上，只有你自己，才能决定别人看你的眼光。

高中学生的自我评价标准开始由成人评价标准取向过渡到同龄人评价标准取向，但还没有形成相对独立稳定的自我评价，所以容易波动。这个过程也是孩子必经的过程。

在这个过程中最重要的是要让孩子表里一致地做真实的自己，内外和谐的人发展得更从容。

2. 让孩子学会悦纳自己

在大女儿球儿出生后不久，台湾大学周教授夫妇发现她反应比较慢，小时候教她背诗，旁边口齿尚不清晰的妹妹都能接下句，球儿仍然背错。

小学五年级的时候，父母给球儿报了个钢琴班，老师表扬球儿表现不错。父母观察后发现球儿弹琴经常犯错，记谱能力也不好，不过一首曲子弹熟了之后，确实弹得比人家连贯一些，而且自己能够体悟到起伏强弱。于是，父母就带她访师学艺，小学毕业，球儿凭借特长通过了中学音乐班的考试。这是球儿人生中的首次胜利，她当然想去上音乐班。可父母很担心，因为读音乐班并不表示孩子能做音乐家，而孩子需要用很多时间专心练琴，难以兼顾其他功课。如果她中途放弃弹琴，文化课成绩又差，就没有退路了。最终，父母在疼惜的心情下尊重了球儿的选择。

中学的学习球儿很吃力，靠专为音乐班孩子设计的辅导和补考才能升级，中考只能上本校高中，老师说她连职高都考不上。没有同学和这个“特差生”玩，反应迟钝的球儿也感受到了屈辱，好在有音乐与她作伴。

幸运的是，球儿又通过特长考试进入了大学。大学音乐系的功课都跟音乐有关，球儿学习起来就比较愉快了，精神面貌也发生了很大的变化。大学毕业后球儿想出国深造，虽然托福成绩不好，但她凭借专业课成绩申请到了美国马里兰大学。在毕业演奏会上，球儿的表现很好，一位老教授兴奋地抱起了球儿，连声叫了两次球儿的名字，他说："Why do you hide yourself? "（你为什么把你自己藏起来呢？）

周教授对这位老教授的问题非常感慨，他在《躲藏起来的孩子》一文中写道：教育应给受教育者知识，这些知识应该是教导孩子发现自我、肯定自我，教育应该想办法造就一个人，至少使他自得、使他快乐，而不是使他迷失、使他悲伤。还好，在父母的努力下，这个躲藏起来的孩子终于被找到了，当球儿拿到博士入学通知书时，爸爸问她还会不会把自己藏起来，球儿在电话那端笑着说："我如果躲起来，他们怎么知道我弹得好呢？"

如果父母的眼中孩子还是那个满是缺点的孩子的话，那就请父母从现在开始努力寻找您那个独具优势的孩子，他只是暂时躲藏起来了，需要父母的鼓励和帮助，他才能走出来。

优势是才干、知识和技能的组合

美国著名调查公司盖洛普公司通过大量的追踪调查发现，成功者最大的特点是懂得扬长避短，他们据此提出了优势理论，即优势由才干、知识和技能组成。

才干是个体贯穿始终的思维、感觉或行为模式；知识由习得的经验和学习的课程组成；技能是做一件事的步骤。才干、知识和技能合在一起就构成一个人的优势。技能和知识通过学习和实践获得，才干和天赋、潜能有关，但不限于此，重要的是，天赋或潜能只有发挥作用才能成为才干。

天生乐感强可能成为一种才干，性格好胜可能是一种才干，责任心强也可能是一种才干。有些弱点也可能成为才干，许多自闭症患者缺乏社交沟通技巧，可他们能长时间专注地重复做一件单调的事情，对周围的环境浑然不觉。这对于一些需要完成高负荷、高重复率任务（例如识别数据模式或修复软件漏洞）的科技公司来说，他们就是最优秀的员工，微软等公司现在已经开始招聘自闭症患者。

才干需要通过知识和技能的学习来提高、完善，才能成为优势。对于青春期的孩子来说，广泛地学习也是发现潜能、培养优势的重要途径。一个具有艺术潜能的孩子如果没有接触过任何形式的培训学习，他的潜能可能就不被自己和他人察觉，也不太可能有所发展。

理想的教育就是“因材施教”

根据个体独特的心理特征和心理倾向性，促使其人格不断成熟与发展，潜在的天赋和能力得到最大程度的发展，最终实现其完整、独立的自由个性，是教育改革的发展方向。理想的教育就是帮助每个孩子把天赋和潜能发展成为优势，即“因材施教”的个性化教育。

发挥优势，孩子在学习中才会富有积极性、主动性和创造性，才能提高综合素质，取得更好效果。

目前很多高中通过开设丰富的选修课、研究性学习等方式，尝试为学生提供更具个性化的学习内容和方式，但学校系统化的教育基本还是遵循共性的规律来设计开展的，且普通高中教育目前仍以升学为主要目标，使得这些尝试可能不被重视。而家庭教育在促进孩子个性化发展方面更具针对性和灵活性。

与其忙于“避短”，不如努力“扬长”

高二的孩子思维发展基本定型，有的孩子已经在某方面表现出优势，例如具有数学逻辑优势的孩子可能在理科学习方面表现突出，但更多孩子的潜能和优势还有待发现。如果让孩子忙于“避短”而忽视“扬长”，其潜能就难以开发。

发现优势是高二孩子自我认识和自我评价的需要。帮助其发现和发展优势，会让孩子增强自信心。优势理论反映了一种积极思维，之所以“人比人气死人”，就是以己之短比人之长，越比越灰心，与其老想自己差什么，不如多想自己有什么，然后设法把它用好。当孩子把更多的注意力集中到优势发展上，他会愉快地投入，乐于与同学讨论，从同伴处获得正面反馈，形成积极的自我评价。

发现优势也是高二孩子发展的需要，高二的孩子已经开始择业

探索和试验，很多高二孩子即将面对“3+3”的高考选择，要从20种科目组合中进行选择，关系到孩子目前的学习方向、学习效果及未来的发展方向，认识到孩子的优势所在，就更有可能做出合适的选择。

每个孩子都有潜能

每个正常的孩子都具有一定的潜能，由于遗传、环境、教育及个性不同，孩子的潜能及表现形式也不同。如果说社会上有“三百六十行”，那孩子的潜能不少于三百六十种，每个孩子都可能成为某一行业中的佼佼者。不仅如此，孩子的发展也不均衡，有的早慧，早早地表现出某方面的潜能和优势；有的大器晚成，在多次尝试之后才找到擅长的领域。

每个孩子都是独特的，喜欢热闹的和喜欢独处的，爱动的和不爱动的，说话多的和说话少的，没有好与不好的区别，他们只是不一样。有的孩子也许没有哪门学科很突出，但整体比较均衡；有的孩子也许在学业表现上不太好，但富有创造力或动手能力强……

父母要努力去发现孩子的潜能和优势所在，孩子的表达能力强，可能具有较强的语言智能，可以鼓励孩子通过活动去体验记者、编辑、主持人、播音员、律师等职业；孩子喜欢独处静思，能把控情绪、规划生活，可能具有较强的内省智能，可以推荐孩子阅读哲学、心理或政治类书籍……现在有一些关于发现潜能或优势的测试，可以作为参考，比较而言，孩子和父母通过长期观察记录得到的结果更准确。

小贴士

人的珍贵，就在于他的独特性。每个孩子都独一无二，都有独特的天性，蕴藏着自身的潜能。每个人都是一个独特的世界。

所以，教育的最高目标，就是帮助每个人发现他自己，成为他自己。所以，不要轻易把你的孩子与别人的孩子去比较，更不要把你的孩子的缺点与别人的孩子的优点去比较，盲目攀比和错误比较，是家庭教育中扼杀天性、压抑个性的最常见错误。所有父母都应该相信，自己的孩子，就是一个与众不同的艺术品！

当然，艺术品也需要打磨。打磨工作中则要注意，与其努力改正孩子的缺点，不如尽可能培养孩子的优点。孩子优点形成的过程，就是克服他们自身的缺点的过程。孩子身上的“潜意识心智”，不仅是他们智慧形成的基础，也是他们道德形成的基石。（摘自朱永新《“教育，从家庭开始”2017年家庭教育国际论坛主题讲座》）

这些观察方式有助于发现孩子优势

大多数孩子对自身的潜能和优势不甚了了，原因之一是潜能是个体的一部分，“不识庐山真面目，只缘身在此山中”，无论是父母还是孩子自己，都对其优势因为熟悉、习惯而不以为然；原因之二是不少父母习惯用放大镜观察孩子的弱点，以至于孩子也盯住自己的弱点，为修补这些欠缺不断努力，却掩盖或荒废了潜能、优势。因此，要发现孩子的优势，必须改变观察的方式。

观察孩子的兴趣点

兴趣点即孩子从小喜欢甚至渴望做的事情。兴趣往往蕴藏着优势，兴趣也是学习的发动机，父母要尊重孩子的兴趣爱好，顺应孩子的选择。

观察孩子学得好或学得快的方面

可以从孩子成长的经历中寻找其成绩较为突出的方面，或者做起来最得心应手的事情，或者在同样的条件下比别人更快掌握的技能。

观察孩子的满足点

孩子做什么事情时会感到兴奋，是说服别人、帮助别人还是超过别人？完成这件事情之后孩子是表示“终于结束了”，还是说“什么时候可以再做一次”？这些都是发现优势的线索。

对于高二的孩子，父母可以鼓励孩子进行学习活动记录，重点记录表现突出的地方或获得满足感的经历，在记录反思的过程中，孩子可以进一步认识自己，也有可能发现优势。

发现孩子的潜能并助推

发现了孩子的潜能，就要助推。研究性学习是引导孩子聚焦兴趣、发展优势的途径之一。从知识储备和认知发展来看，高二是锻炼研究性学习能力的最佳时期，根据教育部颁发的《普通高中课程方案（实验）》，研究性学习已纳入高二的必修课程，学生在老师指导下，从自然、社会和生活中选择确定研究课题。

孩子从小对石头感兴趣，他很可能在自然探索智能方面具有优势，父母可以建议他选择相关的研究课题，在研究性学习过程中和孩子一起去博物馆参观、支持孩子野外考察、跟着相关的网络慕课学习等。研究性学习课程一般持续一个学年，家校配合、充分利用资源，可有效促进孩子的优势发展。

多数学校在高二开设有劳动技术选修课，选修课时间虽然比较短，但孩子可能接触、学习更多的技能，从而发现自己的潜能。如果在建筑设计中表现突出，那么孩子可能具有空间智能，父母可以支持孩子在选修课结束之后继续进行学习。

做自己喜欢的事情会让孩子感到快乐充实，即使不是将来职业发展的方向，也更容易取得成绩，并带动其他方面的进步。

不要轻易给孩子贴标签，鼓励孩子不断超越自己

很多父母以为自己指出孩子哪些地方做错了，就是帮助孩子改正错误的方式。可是他们往往得到相反的结果。

还有的父母也许出发点是好的，以玩笑的方式称呼自己的孩子为“宝宝”“小笨蛋”，这却会破坏孩子的自我认识。

给孩子贴标签的行为还包括某些口头禅似的语言描述：“我的孩子是完美主义者。”“我的孩子不爱吃某类食品。”“他就是喜欢恶作剧。”……

父母要考虑这些语言会给孩子传递什么样的信息，是否在无意识地鼓励孩子充当某种角色。

鼓励孩子，就是让孩子正视自己的弱项，努力去做好，不断超越自己。高二孩子小脑还未发育成熟，小脑是大脑中最后停止发育

的部分，对决策、社交技能发展等有重要作用，因此不能轻易给孩子贴上哪方面不行的负面标签；高二孩子的性格也还有很大的可塑性，需要通过全面的学习来发现潜能优势，不能以性格原因放弃锻炼机会，或以能力原因放弃某个科目。

比方，孩子不善于在公共场合说话，可以建议孩子把每次发言作为锻炼的机会，这次注意语速，下次注意眼神交流，一次比一次好，不断进步。

正如苹果创始人乔布斯曾经劝慰年轻人的那样，父母也要传递给孩子这样的信念："不要被信条所惑，盲从信条就是活在别人思考的结果里。不要让别人的意见淹没了你内在的心声。最重要的是拥有跟随内心与直觉的勇气，你的内心与直觉多少已经知道你真正想要成为什么样的人。任何其他事物都是次要的。"

回顾与思考

1. 回忆一下最近一次赞扬孩子是什么时候，对孩子说的赞扬的话多，还是指责或者命令的话多？

2. 孩子认为自己什么都做不好，这与父母对孩子的期望值太高有关吗？

3. 父母可以通过哪些方式塑造（而不是破坏）孩子的自我认识？

第 三 章

支持孩子的自主发展

3

1. 提升孩子的自主决策能力

高二开学不久，萌萌和妈妈的矛盾就闹到了老师那里。起因是萌萌的学校今年在高一、高二开始试点“走班制”教学，英语和数学学科分为A、B、C三层教学，老师给每个同学提了大致的建议：该科目综合成绩在某个分数段的孩子可以选择A层，在某个分数段的孩子可以选择B层、C层。萌萌的英语一直不错，选择了A层；她的数学成绩在老师建议的既可选B层又可选C层的分数段里，她自己做主选了C层。

萌萌的妈妈从家长群里知道这个消息后特别生气：女儿竟然自作主张，回家根本就没有提这件事，而且妈妈希望萌萌数学选择B层，“既然两者都可以选择，那当然还是应该选择跳一跳能够着的”。于是，她建议女儿去找老师改选，但萌萌拒绝了。萌萌事先没说就是因为知道妈妈一定会让她选择B层，但她觉得自己更适合C层的教学方式，也更喜欢C层的授课老师。

除了选课程的层次，萌萌需要做的决策还有不少，比方答不答应朋友作弊的要求，读文科还是理科等。目前的高考改革对学生的决策能力提出更高的要求，上海2017年开始试行“3+3”的高考模式，全国多个省份也将在 2018 年跟进。面对 20 种科目组合，父母恐怕也很难为孩子做出合适的选择，因此，提升孩子的决策能力非常有必要。

父母不仅要在孩子升学考试、课程选择等比较重要的事情上给予孩子更多的自主权，吃饭、穿衣、消费等日常事务中更要给孩子自主决策权，这些等于是给了孩子无价的经验，从而使孩子的决策能力逐步得到锻炼。

自主发展的过程并不是“树大自然直”，从认识自我到管理自我，到实现自主发展，这个过程是不断反复的；要允许孩子自己去经历复杂的决策过程，在不断自我肯定与自我否定中迂回前进。

决策是自主意识的集中体现

当一个人做出决定时，他能感受到这个行为是和“我”有关的，是由“我”的意愿驱动，不受外力所迫。一个球从斜面滚下，是因为重力，是一个必然的过程，而非自由选择的过程；一个人从滑梯上往下滑，是选择的结果，这个动作不是必然的，人可以选择滑，也可以选择不滑，自主意识就体现在选择中。如果孩子不把自己视为有自主意识的个体，只是傀儡般地执行他人的选择，他的行为就可能不负责任，也更容易被本能和欲望控制。

决策是个脑力活儿，错过了孩子渴望自主决策的阶段，他可能就习惯于执行父母或他人的决策，自己懒得想那么多了，他也许会变得更顺从，但也不愿意吸取教训，缺乏感恩之心。反之，如果孩子做的事情都出于他的意愿，他就会去衡量对错并总结经验，因为这是他自己要做的。

自主决策锻炼孩子的思维和执行能力

决策包含但不限于选择过程，决策能力可以分为三个方面：一是根据目标拓展选项，可以通过搜集相关信息创造更多的选择，搜集的信息越广，分析问题越深，就越容易发现新的选择，这与创造力、想象力相关；二是选择方案，综合各种信息，面对若干可能的选择权衡利弊、分析评估决策结果并最终进行抉择，这是决策的核心，与理性有关；三是执行决定的能力，涉及自我控制的能力。

中午吃面条还是吃米饭当然也是选择，但这种两者皆可的选择显然不需要花费太多心思，只有那些不得不做出的选择才能让孩子得到全面的锻炼，对孩子来说也更有价值和意义。

决策能力在高二阶段有重要提升

高二的孩子独立意识增强，主观上希望对自己的事情做主负责，同时大脑发展和实践活动的需要也对其决策能力提出新的要求，因此高二是发展自主决策能力的敏感期。这个阶段的锻炼对决策能力的提升非常重要。

前额皮质是大脑成熟较晚的一个区域，大概要到 20 岁左右才完全成熟。这个区域对复杂思维能力最为重要，包括衡量得失、风险与收益、近期与远期利益和自我控制等能力，这些能力与决策密切相关。高二的孩子需要不断地通过决策来锻炼大脑，促进其发展。

高二孩子实践活动增多，面对的抉择更多，其中包括一些比较重要的决策，例如课程选择、专业选择、恋爱问题等。这个时候，有效的训练能够帮助孩子形成科学的决策模式，同时帮助孩子增加生活经验、提高综合分析能力。

让孩子自主决策，即使遗憾的选择也有价值

父母要多给孩子做决策的机会，尊重孩子的选择，鼓励孩子为自己的选择结果负责，告诉孩子：我们做出的决定不可能每一个都是对的，即使错了也是宝贵的经验。

一些父母总是担心孩子的选择不够好，但父母做出的选择也不一定就好。其实，面对选择专业之类复杂的决定，根本没有完美的选择，最好的办法兴许是选择第一个符合既定标准的专业，而不是总想着还有更好的。有的选择也许当时看起来效果不太好，但从孩子的长远发展来看可能是更好的选择。

即使孩子做出了有遗憾的选择，也自有价值。遗憾本身是对没有做的事情的价值确认。孩子遗憾于考试的前一天没有复习而去偶

像见面会了，其实是他确定了复习的作用，是在内心明确了一件事情的价值。有些时候，孩子需要这种略带遗憾的选择来明确什么是更重要的，以后才能做出更理性的决策。心中有某种明确的判断，好于什么都无所谓的状态；有遗憾的生活好于完全没有遗憾的、浑浑噩噩的状态。

因此，当孩子做出了一些暂时看起来效果不佳的选择，也要肯定他在选择过程中的思考，而不是指责孩子，“我早知道就会这样”“不听我的话有好结果吗”，让孩子以后不敢为自己做决策。

鼓励孩子在决策前多思考

做出合理的决策，首先需要确定决策目标，然后搜集多方面信息形成多种方案进行选择评估。多数重要的决定都需要经历这样一个过程。

孩子对眼前的需要比较敏感，还不善于以长远的眼光来看待自己的选择。对于那些比较重要又比较紧急的决策，父母可以提醒孩子自问：我 10 分钟以后对这个决策会是什么感觉，然后是 10 个月、10 年。

决策之后的执行非常重要，父母需要适当地督促孩子。例如，既然选择参加学生会竞选，就应该准备材料、制订竞选方案和工作设想、练习演讲，只有把决策付诸实施才可能有所收获。

教给孩子一些选择方法和技巧

父母可以帮助孩子学会一些选择方法，例如在选择文理分科时可以运用对比法，将自己选择文科和理科的优势劣势分别写下来，经过对比选择优势更多的；在消费决策时可以运用淘汰法，想好自己购买电子词典的主要目的和价格范围，把达不到目的的产品淘汰掉，最后锁定选择目标。

父母要注意孩子做决策时是否会因为同伴的影响，而违背自己的本意，例如选择了没有兴趣的研究性学习专题或其他活动，提醒孩子在决策前应该多征求不同人的意见，在综合分析的基础上做出自己的独立判断，尤其要理性地面对同伴的意见。

对性格比较冲动的孩子，父母可以建议孩子在做每个决定之前，给出三个理由，避免在情绪激动时做出不明智的决策。

2. 孩子的情绪自主有赖于父母行为

一位全职妈妈前来咨询，因为正在上高二的儿子近一段时间来情绪低落。

半年前，年过八旬的奶奶查出了癌症。儿子是奶奶带大的，得知消息难过了一阵，经过妈妈反复抚慰似乎也平静了。然而，儿子仍旧闷闷不乐。“孩子脸色的一点点变化都装在我心里，原来他放学回家就迫不及待地跑到厨房来叨两口，现在回来就躲在自己的房间里，还关上房门。”妈妈忍不住去推门，好几次看见儿子趴在床上，问多了就说“心情不好”“没有为什么”，给他做平时爱吃的他也没有食欲，考试成绩也下降了。

妈妈很着急，特意把在外地工作的老公召回来给孩子谈人的生老病死，谈如何面对死亡，还买了一本关于死亡的书放在儿子书桌上。

同时，妈妈隐隐感到儿子情绪低落还有其他原因，她悄悄把儿子房间搜索了一遍，在一本参考书里发现一张儿子画的素描，是一个女孩的侧面轮廓。妈妈辗转从儿子的哥们儿妈妈那里打听到，儿子和班上一个女生似乎互相有好感，但这个学期那个女生不怎么理睬儿子，儿子还总找这个女生，两人之间有点扯不清……妈妈自我安慰：“小孩嘛，只要不接触，过段时间就好了。”

于是，妈妈每天放学之后去接儿子，确保儿子放学就离校回家。开始儿子很抗拒，但妈妈坚持，“他不想让别的同学看到，我就在学校旁边的小路上等着，反正他知道我很清楚他的放学时间”。一段时间后，儿子也接受了，但情绪不见好转。她和老公直接告诉儿子现在不要考虑谈恋爱的事情，儿子什么也不说。

这位妈妈打了好几次电话之后，又自己前来咨询。“怎么跟他说好像都解不开他的心结，因为他根本就不跟我们说他的感受，让我们怎么帮他呢？看见他开心点，我就松口气；看见他眉头紧锁，我就紧张，整天都在猜想到底发生了什么。现在我觉得我已经焦虑了。”

看到子女不开心，妈妈都会心疼着急，但父母应该知道，自己也有喜怒哀乐，也有不愿意告诉别人的烦恼，遇到不顺心的事情需要一段时间来平复自己，作为一个即将走入社会的高二小青年，难道不应该是这样吗？因此，一方面，孩子的情绪自主发展更多地依赖于父母的行为；另一方面，父母对孩子的“入侵式”干涉会阻碍子女的情绪自主发展。

情绪自主是青少年的发展需求

对自我的探索，让青少年在情绪上逐渐脱离对父母的依赖和控制，形成自己的情绪反应系统：高兴或不高兴，他们有自己的理由和表达方式。这是青少年的情绪自主，是孩子走向自主的重要一环。

与父母的情绪疏远在孩子的自主发展中有重要作用，一个发展良好的青少年必须逐渐学会区分自己与父母的想法和情绪，学会调节自身的行为和体验，并通过与父母的情绪分离来管理自己。当孩子获得越来越多的情绪自主时，他们就会越来越成熟。

在青少年情绪独立于父母的过程中，他们开始对父母有更复杂的看法，意识到父母在家里家外的言谈举止有所不同，意识到父母和自己一样也是有不足的。这些看法会让他们在一段时间内对父母的行为特别挑剔，并努力用一种平等的方式与父母相处。随着父母的影响力逐渐降低，同伴的影响力逐渐上升，他们认为同伴更能理解自己，当出现情绪问题时，他们有可能不会去求助父母，而是更多地向同伴倾诉。

高二孩子消极情绪较多

高二孩子的情绪不像刚进入青春期时那样多变、剧烈，看上去较为稳定，但实际上消极情绪更多，而且自我调节的能力不够强。

高二孩子不仅容易在学习上受挫，而且处于社会化的一个关键期，意识到自己应该开始规划未来，但又不知道能干什么，在自我探索的过程中，对前途的迷茫容易导致焦虑情绪。

中学生主要的压力来自学习和人际关系，高二学生因为自我评价的强烈需要，无论在学业成就还是人际交往中都渴望被认同，一旦这种需求得不到满足，就容易产生不被认同和支持的恐慌感和孤独感。

高二孩子开始有意识地体察社会，但他们对社会和人生的期望带有理想主义色彩，对社会问题的观察和分析还带有一定的片面性和表面性，因此对现实中存在的弊端比较敏锐，从而产生敌对情绪。

高二学生有了更多的参与社会的愿望，渴望被社会接纳，但他们的学习和生活又在一定程度限制了这种需求。社会归属感和参与感的缺乏会让高二孩子感到被边缘化，导致不良情绪多发。

父母的支持有利于孩子情绪自主

情绪自主对孩子的发展是必要的，但独立于父母并不是隔离父母。相反，父母给予孩子安慰、理解、尊重、鼓励等情绪支持，对其情绪自主发展有特别的意义。

良好的家庭关系更可能培养出情绪自主的孩子，家庭关系不好的孩子更可能存在情绪障碍。和谐的家庭氛围和亲子关系让孩子觉得父母是可以依靠的，虽然父母也有缺点，但对自己的爱和支持是无条件的，无论遇到什么问题都会得到父母的支持，都可以从父母那里寻找到解决问题的策略。这样，孩子在遇到不高兴的事情时，就不会花太多时间去冥思苦想，久久沉浸在消极的情绪中，而是积极地面对解决。

良好的家庭关系绝不是亲子一体彼此不能分离独立，也不意味着没有分歧和冲突。在追求情绪自主的过程中，孩子往往容易与父母产生分歧、发生冲突，但并不会明显破坏亲子关系的质量。当孩子对父母的爱有充足的安全感时，这些分歧和冲突也可以对亲子沟通和青少年的发展产生某些积极的影响。

孩子会复制父母的情绪

情绪虽然不遗传，但可以感染，父母的情绪会通过模仿、感染等方式传递给孩子。如果父母情绪积极、正面、稳定，孩子在外面有了不良情绪，回家之后也容易得到缓解；即便有较大的情绪波动，也不会用剧烈的方式表达。相反，如果父母暴躁易怒，孩子在遇到问题时也会不自觉地采用父母的方式进行表达，容易引发冲突。

社会发展加速，对未来的不确定感让现代人焦虑感加重，尤其是一些母亲，因为担心跟不上社会的步伐而产生巨大的焦虑感，但她们不是通过自身成长去解决问题，而是将希望寄托在孩子身上，让孩子承受了双倍的压力。过度的焦虑会让孩子不能集中注意力做事情。长期处于焦虑状态，孩子会出现肠胃不适、脱发、皮脂分泌异常、痤疮加重等身体状况，还会引发抑郁等心理疾病。

理解、接纳孩子的情绪自主发展

孩子追求情绪自主的过程，家庭冲突可能增加，主要原因是一些父母习惯主导和控制孩子的情绪，或者父母需要孩子对自己全身心的依赖，不适应孩子拥有了自己的情感世界。原来孩子的喜怒哀乐父母了然于胸，一问便知，现在可能看不出来也问不出来，而且孩子还越来越奇怪，明明家里人都很高兴的事情孩子往往无动于衷，孩子明明不高兴却说“无所谓”。孩子在面对这件事情时“应该这样”，孩子不高兴的时候“应该那样”，这都是父母的认为，是父母想控制孩子情绪的表现。作为独立的个体，孩子应该有自己的情绪。

无论孩子的情绪是消极的还是积极的，无论父母认不认同，都要先试着去接纳。认同是安抚情绪的最有效的方法。

“你不高兴我可以理解，遇到这种事情谁都会不高兴的。”

“我知道你很难过，你那么努力想在这次比赛中获奖，却得到这个结果，要是我，也会很沮丧。”

这样对孩子说，让孩子感到自己有情绪波动是正常的，自己的消极情绪也是能被父母接受的，孩子就不会压抑自己的情绪，并慢慢学会正视并处理自己的消极情绪。

教给孩子调节情绪的方法

对于高二学生来说，如果不是其他突发事件，一般学习还是首要原因，例如有的孩子已经很努力了，但成绩还是没有提高，会产生焦虑感，觉得自己很笨。父母可以通过各种途径、借助各种力量帮助孩子分析问题的原因，避免孩子把原因归于先天的因素而放弃努力。同时，父母可以引导孩子关注自己其他比较优秀的方面，先让孩子从消极情绪中走出来，再以良好的心态继续努力。

人际关系受挫也是产生消极情绪的重要原因，高二孩子人际方面的问题很大部分与异性交往有关，这种交往既有想象的也有现实的，父母可以用自己或他人的情感经历启发引导孩子。

有时候，孩子有不愿意给父母讲的心事；有时候，孩子也不明白自己为什么情绪低落，“莫名的忧伤是青春无法摆脱的底色”。这时候父母就不要再苦苦追问，可以给孩子提供一些自我调节的方法，例如倾诉、宣泄、转移注意力等。如果孩子不愿意向父母倾诉，建议孩子去找同伴说说，或者写日记博客来倾诉；理解孩子在难过时以流泪的方式来宣泄，眼泪能排出消极情绪带来的生化毒素，舒缓压力，缓和情绪；支持孩子和同伴去散步、看电影，或做自己喜欢的事情，例如听音乐、吃美食、看小说等，或者全身心地投入学习、活动等。这都是转移注意力、调节情绪的有效方式。

权威型家庭教育最利于孩子成长

中国青少年研究中心家庭教育研究人员发现，极端严苛或极端放任都不利于孩子自我管理能力的培养。美国心理学家鲍姆林特的研究认为，权威型的家庭教育对孩子既理解尊重又严格要求，最有利于孩子成长。北师大心理学家陈会昌教授 20 年跟踪研究 200 多名孩子发现，主动性与自制力犹如两颗种子，越是饱满和发达，孩子的人格越健康，人生越幸福。这些研究结论都说明，民主与权威、主动性与自制力能够发达和平衡，就是最好的家庭教育。

小贴士　家庭教养类型

教养方式	特　点
权威型	民主，有弹性；有行为引导；孩子参与决策制定；温和，接受，信任；监督；鼓励自主
专制型	专制，严格；有规矩，期望，严厉；片面决定；温暖少，交流少；惩罚；不鼓励平等开放的对话
溺爱型	宽容，让步；没有指导方针和规矩；为避免冲突而少管教；温和，接受；过度参与
放任型	被动，忽视；没有要求；缺乏或很少交流；没有监督和监管；分离，疏远，不在场

3. 放手让孩子进行自我管理

很多父母说，当然希望孩子能够自我管理，可孩子到了高二还是没有自我管理能力，怎么敢放手呢？然而，这不是孩子的错，一些学校把学生考出好成绩、不违规作为管理目标，在校内进行全程监控，即便是对高中学生，也是从早读开始到离校，分分钟有监控。如果父母也总是不放心，各种包办代替，孩子完全没有自我管理的机会，哪里来的自我管理能力呢？时间长了，有的孩子就习惯了"被管理"，不再有自我管理的意识和积极性。

教育家陈鹤琴很早就说过：凡是孩子能做到的事情，大人不要替他去做，孩子进一步，大人退一步，这就叫成长，这就叫教育。

自我管理能给孩子一种对自己发展的可控制感

自我管理是个体主动调整自己的心理和行为，控制不当冲动、克服消极情绪、积极追求自我发展的心理品质。自我管理能给孩子一种对自己发展的可控制感，孩子在自我管理的过程中取得的点滴成功会增强他们的自信心。

小贴士

对孩子使用心理控制的父母往往有完美主义倾向，事实上，这样的父母更关注的是自己的需要，以爱为条件或采取强制行为把自己的标准和规范强加给子女，只有当子女的行为符合他们的标准和预期时，才表现出对孩子的爱和接受。这容易导致孩子总是因怀疑自己而沮丧，总是为自己可能犯错误而焦虑，而且对人际关系过于敏感，自我发展受阻。

自我责任感是自我管理的内在动力

孩子自我管理的内驱力是“对自己负责”的自我责任感，要更好地实现自我管理就要形成对自己负责的信念，仅仅靠父母老师的要求强制形成的自我管理容易反复。

自我责任心的形成分为三个阶段：首先是认识自我，不仅认识自己的优点和缺点，还需要认识对自己不负责任的行为和习惯可能导致的不良后果；然后是发展自我，思考“我怎样改正缺点”“我怎样才能对自己负责”等问题，计划、决策、调节自己的智能、情感、个性和行为；最后达到自我发展的阶段，能注意自己的知行并进，并有较强的自我学习、自我保护、自我调控能力。

合理目标+自我管理=稳步前行

为自己设立合适的目标是进行有效自我管理的第一步。合理的目标包括长期目标和短期目标。对于大多数高二学生来说，考大学是最现实也相对比较长远的目标，但长期目标需要短期目标的支持，否则就是有理想没行动。在长期目标之下应该设立一系列的短期目标，例如期末考试的目标、一个活动或竞赛的目标等。确立了短期目标，父母可以帮助孩子一起规划实现短期目标的策略，其中计划是重要的一部分。

需要提醒父母的是，要注意引导孩子从终身发展的角度，设立比升学、就业更为长远的目标。这样的目标有助于孩子扩大格局，正视眼前的各种挫折和诱惑，使他们关注自身的全面发展，在未来的人生道路上走得更远。

让孩子安排自己的学习和生活

高二的孩子对自身的生理节律、个性特点、心理状况等已经有一定的了解，他们的管理和设计往往更加贴合实际，例如在什么时间段安排学习哪个科目，哪个科目采用哪种学习方法，如何安排课外活动，等等。

有的父母会疑惑，孩子很不靠谱，经常丢三落四，父母也只能认同他，任他自己安排吗？当然，因为试错也是孩子自我管理必经的过程。一边说放手，一边又一副“我永远比你懂”、“没有我，你简直就会错误百出”的架势，这正是父母主角意识太强的体现。要永远相信：放手，将会让孩子的自我管理更加符合自身特点，效率也更高。

减少对孩子的直接监管

为了保证孩子自我管理的质量，提高孩子自我管理的能力，父母只应对过程有所监督，最好不要直接管束。孩子报名参加两个月后的学科比赛活动，父母和孩子讨论之后就让孩子自己安排实施，可以提醒，也可以偶尔抽查，但不要太频繁也不要太明显，吃饭和闲聊的时候问问就可以。只要孩子在认真进行，即便结果不理想也不要过分责备孩子，更不能因为一两次失败就收回孩子自我管理的权利，这个时候父母更需要增强对孩子自我管理的信心。父母可以用自己或别人的例子，让孩子明白自我管理的能力也是需要不断磨炼的，出现问题并不代表孩子的能力不行，而是经验不足，在必要时要学会向老师或父母求助。

父母要起到良好的示范作用

高二的孩子开始察觉到人的多面性，对父母在不同场合的言行比较敏感。如果父母要求孩子学会管理情绪，自己就不要在堵车的情况下发脾气甚至开斗气车；如果父母要求孩子不要玩手机，自己就最好不要每天回家后手机不离手；如果父母要求孩子养成锻炼的好习惯，自己就不要整天窝在沙发上；如果父母要求孩子抓紧时间努力学习，自己就不要在工作中偷懒混时间……父母要以身作则，为孩子树立一个自我管理的榜样。

自我管理是任何人都需要的，只有当父母开始有意识地进行自我管理时，才会发现自我管理是一个系统性的工程，从确立目标、计划、执行到反馈，并不是说说就能做到的。建议父母和孩子一起进行项目性的自我管理，父母可以制订一个体重管理或在职学习的目标，和孩子一起体会交流如何实施自我管理，和孩子一起进步。

小贴士

帮助孩子学会自我管理，父母应该铭记的原则：

★ 您的行为很重要；

★ 融入孩子的生活；

★ 帮助孩子树立独立意识；

★ 建立规矩并设立底线；

★ 解释您的规矩和决定；

★ 避免使用严苛的纪律；

★ 坚持；

★ 尊重孩子。

回顾与思考

1. 想一想父母如何才能做到宽严相济，松弛有度。

2. 家庭教养类型中，您属于哪一类？还是兼有？如何改进？

4

第 四 章

引领孩子走向社会

1. 重视孩子的价值观培养

华裔赵小兰身在大洋彼岸的美国，现任美国的交通部长，但从小受到中国传统的君子之风的培养。她的父亲对她们姐妹几个的教育也格外重视中国的传统礼节和儒学思想。比如，家里请客人吃饭，6个孩子必须都要出来接待，站在客人身后上菜、盛饭。也正是这样的中式教育让赵小兰姐妹受益终身。母亲朱木兰非常注重家庭教育，她常说："我们给女儿的嫁妆不是金钱，而是教育。"朱木兰的教育方法，就是以爱育爱，以身作则，她说："我对孩子是严而不苛。规定的事，一定要做到，尤其要以身作则。比如说她们年幼时，晚饭后，父亲在处理公务，我就让她们做功课，大家都不可以看电视，父母也一样。后来家庭富裕了，家中人多，请了个佣人，但我要孩子们必须自己洗衣服、整理房间，年轻人不能太早就受人伺候。由俭入奢易，由奢入俭难。要各自分担家务。"

孩子的价值观是在家庭中萌芽的，孩子小时候主要是接受父母的价值观。没有核心价值观的家庭难以培养出有核心价值观的孩子。家庭的核心价值观，通过家庭成员接人待物、为人处事、生活方式、道德行为等方面表现出来。家风的形成，无关家庭贫富，亦无关父母文化程度，而多源自父母言行的熏陶。

小贴士　价值观

价值观是人们区分好坏、美丑、荣辱、益损、正误、符合或违背自己意愿的观念系统，就是人们对事物是否有用以及自己的行为是否有意义的一种评价标准，引导人们做出决定和实施行为。

青少年的价值观形成依赖于社会和家庭

促进青少年发展的种种因素可以统称为发展资源，包括外部资源和内部资源。外部资源代表了能够促进青少年健康发展的环境特征，主要指成人通过加强联系以及提供机会使青少年获得积极的发展经验，例如家庭、学校和社区的支持、重视、规范、期待等。内部资源代表了青少年个体具有的引导其行为的价值标准、胜任特征和技能等，包括投身于学习、积极价值观、社会能力和自我肯定。

积极价值观代表亲社会的价值观念和个人的品格，如诚信、友善、有责任感等。这些价值观念和品格反映了社会大众的价值标准，接近当今社会的核心价值观念。拥有这些价值观的青少年形成与外部的和谐关系，能够更好地适应社会，为他们未来的成长和幸福的生活奠定坚实的基础。

高二孩子面对自我探索和发展的压力，常常处于理想与现实交织的矛盾之中，急剧的社会变迁、泥沙俱下的网络空间使他们身处价值观日趋多元化的环境中，内外因素交互影响，给他们带来极大的冲击。

小贴士

“幸福的条件有两个，一个是你必须觉得个人前途是光明的、美好的，可是这又非常模糊，非常朦胧，并不一定有什么具体的、明确的目标。另一方面，整个社会的前景也必须是一天比一天更加美好，如果社会整体在腐败下去，个人是不可能真正幸福的。”

“幸福最重要的就在于对未来的美好希望，一是你觉得整个社会、整个世界会越来越美好，一是你觉得自己的未来会越来越美好。”（摘自何兆武《上学记》）

父母对孩子的核心价值观影响最大

孩子进入高中，随着思维认知的发展，开始意识到一些价值的内在矛盾和父母观念的局限性，尝试形成自己的选择和判断。在这一阶段，孩子尽管受同龄人影响较大，也容易受到社会环境中其他因素的影响，但对于其核心价值观的形成，父母的影响始终是最重要的。

日常生活中父母对孩子的影响一时半会可能难以觉察，可事实上，父母的言谈举止无不给他们留下最初的教育，是一种潜移默化的影响。普普通通的语言，却能让孩子刻骨铭心，塑造他们的人格。

小贴士

2014年，中国青少年研究中心主持开展的中、美、日、韩四国高中生价值观调查发现，四国高中生都认为父母对自己的价值观影响最大，远远大于老师、同辈群体和媒体。例如，75.7%的中国高中生把父母列为对自己人生观影响最大的人，其他依次是祖辈（6.2%）、老师（5.5%）、同学朋友（3.8%）等。

父母要以身立教，建设良好的家风

良好的家风就是健康的家庭核心价值观。家风建设需以传统文化为根，吸收现代文明元素的养分，不断生长。“以和为贵”“恭俭尊让”，家庭中必须有尊重，才会有健康的核心价值观。

现代社会是规则社会，家庭文化中还需要融合公平、正义、民主、法治、平等等现代文明要素，通过家庭成员的日常互动，渗透相关理念，让家庭成为传授现代价值规则的起点。

传承家风，身体力行是最有效的方式，其不变的宗旨是教导爱，让孩子常怀感恩与虔敬之心，感恩天地赠予，爱护自然万物，友善待人接物，用文明、和谐的价值观念滋养青少年的心灵，成为其人生的指南。

小贴士　吾心独以俭素为美

一个人对待物质生活的态度，直接关系到他事业的成功与失败。宋朝著名的政治家、史学家司马光以他深邃的政治眼光，敏感地洞察到了这个真理。司马光在给儿子司马康的信《训俭示康》中，紧紧围绕着“成由俭，败由奢”这个古训，结合自己的生活经历和切身体验，旁征博引许多典型事例，对儿子进行了耐心细致、深入浅出的教诲。

做正能量的父母

父母要注意在日常生活中给孩子传递正能量。有的父母本身消极悲观，总是盯着阳光下的阴影，或抱怨人活得太累，或者把社会描得一团黑，把他人看作陷阱，这些不全面不客观的评价对成年人来说，可能仅仅是一种宣泄，却会影响孩子正在形成的人生观，让孩子对前途和未来备感渺茫。

现在还有一些父母总是抱怨中国的教育制度糟糕，这样的抱怨会让孩子怀疑学习的价值，甚至成为孩子放弃学习的理由。我们不能否认目前高中应试教育的弊端，但如同人无完人一样，没有一种教育制度是完美的。从积极的一面来看，中国的基础教育扎实有利于日后的深造，考试多对孩子的抗挫折能力也是一种锻炼，从积极的角度引导，对孩子学习态度和积极心态的养成更有帮助。

正能量来自父母本身的价值观，对生活和社会抱有积极乐观的态度，并不断地追求自我的成长。有的父母会注意把好的一面展现给孩子，但高二的孩子已经有相当的洞察能力，如果父母没有解决自己的价值观问题，言不由衷，不仅扭曲自己，也会让孩子更加迷惑。

父母要担负诚信教育的主要责任

首先，父母要注重诚信的自我修养，以身作则。有的父母受“失信成本低”“老实人吃亏”等错误观念的影响，疏于自我约束，在工作中为了偷懒而弄虚作假，在生活中处处占小便宜要小聪明，从超市里拿免费的购物袋回家当垃圾袋，把共享单车上锁据为己有。在父母的影响下，孩子可能也会在学习和生活中投机取巧，影响成长。

其次，在诚信方面，父母应该对孩子有明确的行为规范要求，例如独立完成作业、借别人的东西及时归还、不占用别人和集体的物品、拿家里的钱需要通过父母同意、不模仿父母或老师的签名请假等。对孩子的不诚信行为必须予以批评，并施以相应的惩戒措施，不能有包庇行为。

2. 公民意识培养正当其时

2017年3月，深圳中学“公民课堂”讨论“理性思考，审慎批判”的主题。高二学生张同学根据学校最近发生的体育馆侧门进出闸机等热门话题，提出了“听故事的另一面”，“意识到自身的局限性”，发出关于讨论真正民主和真正教育的邀请。从这名高二学生理智、客观、深入的思考，冷静的思辨中，教育工作者和父母们能大致感受到高二孩子的社会责任感。

……

但有了这些，有了故事的另外一面，有了我所说的参与，真的就够了吗？我想，没有平等而理智的交流，实现我们说的民主，还是无异于痴人说梦。我常听到，“你们现在还小，学习外的其他东西尽量少做”；我也与我的学弟学妹说过，“以学术为重，GPA（即Grade Point Average，平均分数、平均绩点）很重要”。

我不敢否认学习的重要性，我不敢否认升学的重要性，我不敢否认未来的重要性。但学习的重要，并不代表我们应该只学习；就像吃饭重要，但我不能一天到晚只吃饭。人生不只限于吃饭，教育也不只限于学习。

我们的教育不是知识的灌输，它培养的应该是有生命力、有观点、有思考力的人。我们或许对于民主理解尚浅，我们或许知识还不充足，但如果在学校里也没有容我们探索民主、积极思考并参与的空间与机会，那我们还能在哪里思考呢?

去年的这个时候，我在北大参加北京大学全国中学生模拟联合国大会，有幸和就读北大本科的学长学姐进行了深入的交谈。

在与他们的交谈中，我听到他们描述满是中国成绩顶尖的高材生的北大里，深中人的不同，以及他们曾作为深中人的骄傲。一年又一年，深中人因什么而不同？我相信，不只是因为分数。

是，我是一名学生，我有自己的偏好，我也有自己的喜爱。我可能没有办法做到完全客观、不受自己喜好的影响。但不能因为我们做不到尽善尽美，就放弃对世间善与美的一切追求。

一个选择摆在我们面前，深中学子到底要的是民主还是散漫，我不知道。深中学生到底要的是用民主的方式倾听所有的声音，负责任地做出自主选择，还是不想被管而随心所欲，我更不知道。如果我们要的真的是民主，那就请大家去倾听所有故事的另外一面、去参与、去交流。When they go low, we go high! 如果我们要的是真正的教育，就请大家去倾听所有故事的另外一面、去参与、去交流、去尊重。

在社会生活中，我们每个人对自己、他人、家庭、团体、国家、社会以及自然等都要承担一定的责任。一个有责任感的人更容易获得别人的认可，在社会交往中也表现得更加得体。

在高二，独立意识的进一步增强使孩子迫切地希望能够把控自己的生活，自然会产生对自己和他人负责的要求。随着社会实践活动的增加，高二学生的交往范围也逐渐扩大，从原来局限在家庭和班级中过渡到社会，孩子也逐渐认识到自己作为子女、朋友、组员或组长、公民等应该担负的责任，但理解还不够全面和深刻，还没有成为信念，因此表现也不稳定。他们需要通过实践来理解负责任对自我成长的短期和长期影响，更需要通过实践来学会在具体事务中如何对他人和社会负责，最终才能把责任感内化为自身的价值标准。

小贴士

按照《中华人民共和国居民身份证法》的规定，公民应当自年满十六周岁之日起三个月内，向常住户口所在地的公安机关申请领取居民身份证。孩子年满十六岁之后，出门旅行、办理医（社）保卡、参加一些活动都需要孩子自己持身份证。身份证是一种身份的象征，这种身份就是公民。公民指具有某一国国籍，并根据该国法律规定享有权利和承担义务的人。

父母和孩子都应该具备公民意识，知道自己享有哪些权利，应该承担哪些义务。塑造公民意识不仅是国家和社会发展的需要，也是青少年健康成长的需要。目前大多数高中学生具有较高的国家意识和民族意识，但在日常生活中，还需要不断提高道德意识、法律意识和责任意识。

高中生道德存在知行脱节现象

高中的孩子因为抽象逻辑思维的发展，大部分已经能够理解道德的概念和价值，有正确的道德认知，并会对自己、他人包括父母的道德水准进行评价，但相当一部分认识不能落实到具体的行动上。有的知而不愿行，懂得劳动的价值但自己的房间都不愿收拾；有的知而不能行，想参加公益活动奉献社会却没有机会；有的知而己不行，要求父母关心自己，但自己不体贴父母；有的知而逆行，为了挑战权威、规则故意做有损道德的事情。

道德本身就是知易行难的，成年人也很难做到知行合一，高二学生的道德认识、判断和抉择能力正在发展之中，这个阶段有效的德育能提高孩子的道德行为能力、促进孩子的社会适应。道德教育的本质在于实践，目前学校的德育工作也越来越强调实践，但受制于教学任务的要求，时间和空间有限，很难照顾到个性化的需求。在德育实践方面，家庭生活化的场景有一定的优势，父母首先要做到知行合一，不仅认识到德育的重要性，而且要落实到家庭教育中来。

引导孩子提高道德自律水平

受个体思维发展水平的差异和环境的影响，高二孩子的道德水平处于不同的发展阶段，有的还以多数人的认可为标准，即认为大家认可的就是对的，表现出从众的心态；有的开始遵守法律权威、重视社会秩序或习俗，这个阶段的孩子能够在心理上认同自己的角色，在学校就负起学生的责任，在社会就尽公民的义务，受别人和环境的影响相对较小。多数高二孩子的道德水平处在这两个发展阶段的混合状态中。

在转型阶段，孩子的道德自律水平有限，在不同的环境下会做出不同的行为：在学校和同学团结友爱，在家里却不知道尊老爱幼；在现实中有礼有节，在网上却使用不文明语言甚至有欺骗行为；在设施完备、有监督的场合会把垃圾扔到垃圾箱或指定的地方，在卫生设施和监管都比较差的地方，就会乱扔乱弃。

孩子的这些矛盾行为与其认知发展规律有一定的关系，父母应给以积极引导，促进孩子的道德发展水平的提高，一个能够道德自律的孩子往往也能够在学习生活方面自律。

教育孩子将法律知识转化为守法意识

法律是道德的底线。成年人也很难完全做到道德自律，但作为一个合格公民起码要做到遵纪守法，这不仅是国家发展的需要，也是个体发展的基础和前提。

青少年犯罪的突发性、团体性特点明显，因为青少年自控能力和辨别能力较弱，容易受自身情绪和外界因素的影响，在一时冲动或同伴压力之下铸下大错。增强法律意识，有利于青少年在行为之前首先做出是否合法的判断，预测到如果实行这种行为可能会产生什么法律后果，从而避免违法犯罪。

在市场经济环境中，高中生还需要培养现代法律观念，以更好地适应社会，例如养成契约自由观念、学会与人合法地进行经济交往、认真履行自己承担的法律义务，增强依法办事、依法律己和依法维护自身权益的能力。

孩子在学校接受比较系统的法律知识，但要将理论知识转化为法律意识，父母的积极配合和引导非常重要。家庭能让孩子从生活中观察法律现象，体会法律的价值，培养对法律的情感，从而自觉地用法律来规范自身的行为。

鼓励孩子在活动中承担责任

父母首先应该认识到责任感对孩子融入社会的重要性，“我只要做好自己的事情就行，别的我不管”，精致的利己主义者并不会幸福，因为他们只有利己，没有自我，他们可能会得到“想要的东西”，却得不到幸福。

父母要抓住孩子萌发责任意识的关键期，强化孩子的社会责任意识。引导孩子做一些力所能及的家务劳动，例如照顾生病的家人等，培养孩子的爱心和责任感。积极鼓励孩子参加社会公益活动，例如社区的助老助残活动等，让孩子体会到公民的责任感。

高二孩子主要活动时间在学校，他们也是学校各种社团活动的中坚力量。父母不仅要支持孩子参与各种活动，还要鼓励孩子承担一定的责任，去做社团、活动小组、班级负责人，或者做一个项目、一次活动的负责人，培养孩子的责任意识和担负责任的能力。人可以不做领导，但不能没有领导力，领导力是一种综合素质，需要自知、组织、协调、计划、安排、沟通、应变等各方面的能力。

劳动是德育的重要途径

学习活动是一种特殊的劳动，是学生主要的劳动形式，但不应该是仅有的劳动。父母应该创造机会，鼓励孩子在家务劳动、集体劳动、志愿服务活动和直接的生产劳动中培养和发展道德品质，积累生活经验、提高运用所学知识解决实际问题的能力和社会交往能力。

——让孩子承担收拾房间、个人换洗和家务安排等自我服务劳动，平凡的劳动能够让孩子对父母有更多的理解和尊重，能够把自己的生活安排得井井有条的孩子也更容易养成良好的学习习惯。

——设置家庭劳动岗位，让孩子承担拖地、洗碗、择菜、购物等固定的家庭公共劳动。劳动不仅能让高二的孩子缓解学习的紧张感和疲劳感，还能促进亲子沟通。

——鼓励孩子参加学校的集体劳动、社区劳动和志愿服务活动，培养孩子对劳动和普通劳动者的情感，强化合作精神和能力。

3. 参与社会活动，了解社会

沈芯菱因为家贫，从小跟着父母摆摊，一台卡车载着全部家当，也载着贫穷家庭的希望，南征北讨，在街头提前体验人生，因此能看到台湾社会底层弱势者的需求。

11岁那年，她的阿公种植的文旦柚大丰收，可阿公没有因盛产而高兴，反而为收购价格过低愁眉苦脸。年幼的她天真地想：水果太多一个人吃不完，但如果有100人、1000人一起吃，不就吃得完了？沈芯菱查企业电子信箱，把果农滞销的信息写成电子邮件，寄给当地各个公司的老板："我阿公种的文旦柚很好吃，有需要的可以来订。"没想到这些电子邮件竟真发挥了作用，那年水果比往年多卖了3万多斤。

这一次的美好经历，在沈芯菱的心里种下了一颗善的种子。她开始意识到，原来做公益并不需要很有钱，只要把自己的特长培养好，然后用它去帮助周围需要帮助的人，就已经是一种公益。就这样，沈芯菱开始了自己10多年的公益之路。

沈芯菱有一次拜访一位蚵农阿嬷，老妇的手指被牡蛎割伤，却笑眯眯戏称，流出的红色鲜血是"红包礼"，有它才能赚钱为孙子付学费。21岁的沈芯菱说，参与公益行动的力量，最主要来自对现实的思考:“在他人的缺乏和苦难中，可以看到自己的拥有。志工不仅能帮助别人，也可以发现自己，找到自己生命的出口。”她鼓励年轻人若想当志愿者，可以从自己的家乡做起。

“成功并非打败多少人，而是帮助多少人。”沈芯菱相信，主流社会不应该再以单一的学业成绩评断或要求年轻人。每个时代都有不同的苦闷，他们这一代物质生活不匮乏，但内心缺少归属感，对土地缺少情感，对家人和朋友疏离；不过，年轻一代也充满创意与活力，展现多元的新风貌。

高二孩子不仅具备参与社会活动的基本能力，而且有参与社会、报效社会的心理需求，这是他们从家庭和校园走向社会的自然需求。同时，参与社会活动，也是完成社会化的必经之道。

高二学生参与社会活动的途径主要包括志愿服务活动、校园社团活动、社区活动。其中志愿服务活动作为培养未来优秀公民的重要途径，越来越受到全社会的重视。现在几乎所有的中学都开展了志愿服务活动，并有相应的课时和学分要求，学生参与面不断扩大；志愿服务的项目呈现多样化，并从校内拓展到校外，逐步走向更为广阔的社会生活中。2016 年，共青团中央和教育部印发《关于加强中学生志愿服务工作的实施意见》，中学生的志愿服务活动逐步走向制度化规范化。

帮助孩子通过志愿服务了解真实社会

中学生可以参与的校外志愿服务大致有三类，一是社区的环境美化、公益宣传、扶老携幼等项目，二是社会上的募捐、交通协管、博物馆讲解、图书馆管理等项目，三是到医院、特教学校、托养机构、康复机构等特殊场所进行帮扶关爱活动。此外，还有一些临时的赛会、活动和社会调研项目。随着全社会的广泛重视，可供中学生选择的志愿服务项目也越来越多。

志愿服务的不少项目都是面对社会问题的，例如环境保护、社会保障等，这些社会问题都包含着政治、经济和文化的因素。中学生通过志愿服务活动直接面对各种社会问题，亲身感受人们之间价值观和利益的冲突，了解社会的运行规则和要求，使他们对社会的认识更加符合实际。

志愿服务一般是有组织地为中学生提供真实的社会情境，让他们通过实践和练习，验证书本知识和自己对人生、社会的思考，给他们提供解决实际问题的机会，是他们进入社会的有效演练。

学会关爱他人

志愿服务活动不仅能够增进青少年对社会的了解，促进其融入社会，而且对他们价值观的形成、技能的习得、人际交往的锻炼、心理的发展乃至职业生涯的规划都有影响，体现了志愿服务活动

“自助助人”的精神。

志愿服务本身就是一种价值观的表达，做力所能及的服务活动让青少年学习“关爱他人、服务社会”，也让他们体会自身的价值，“我从帮助他人中得到了满足”，鼓励他们继续以某种方式实现这些价值，最终形成稳定的价值观。

大多数志愿服务需要团体分工合作，有的还需要与不同生活背景和经历的服务对象互动。在这个过程中，孩子的自我表达能力、控制能力和合作交往能力得到磨炼，更懂得理解和尊重他人，并对自身有所反观。一个关爱孤独症儿童的中学生社团成员在网站上留言：“我看到了一个不一样的世界，也让我看到了一个不一样的自己。”

在志愿服务中的活动经历和情感体验，可以减少青春期孩子的负面情绪，增进其心理健康。一些经历过精神创伤的中学生，在帮助别人的过程中学会感恩与珍惜，“我意识到，跟一些同龄人相比，我已经拥有很多，我懂得了珍惜”。

在志愿服务活动中，孩子还可能学习到一些新的知识和技能，例如心理辅导、紧急救护等。自我成长的收获感会激励中学生继续投入到志愿服务中。

志愿活动有助于孩子学习自我探索

高二的孩子因为即将进入社会，面对专业选择、职业方向等的重要抉择，需要对自己的能力、个性、理想等各方面有比较全面完整的认识。

志愿服务活动需要与他人或社会互动，是孩子通过他人了解“我是谁”的途径之一。孩子能够认识到自我价值，有利于孩子树立自信心。

“我能做什么”是孩子自我探索的一个重要课题。形式多样的志愿服务活动有利于孩子在学校之外更广阔的舞台上展现自我，发现自己的潜能和优势，也看到自己的不足。看似内向的孩子也许在与人沟通方面别具洞察能力，学业表现一般的孩子也许更善于创新地解决实际问题；虽然组织工作做不好但我能做好宣传工作，虽然不善于宣传但我在一对一的服务中更为细致……多样化的选择有利于孩子在相对轻松的氛围中正确认识自我和接受自我，从而扬长避短，更好地适应自身的发展。

“我将来要做什么”也是高二孩子急切探索的问题，志愿实践活动有利于孩子把自己的未来设计、个人能力兴趣与社会需求相结合，找到人生方向。

深度参与志愿服务活动孩子收获更多

到养老院敬老类似的活动除了传承尊老敬老的传统美德之外，还反映了中国人口老龄化带来的诸多社会问题，如果引导孩子思考老龄化对社会的影响，各种养老模式的利弊，空巢老人的精神关怀问题，以及老年人的精神需求与年轻人发展之间的矛盾，社会养老供需之间的矛盾等等，让孩子带着问题去活动，促进孩子深度参与，他不仅会积极参加活动，也会有更多收获。临终关怀、支教服务等，对孩子来说，有所引导，用心体会，就是一个切入社会的窗口。

持续性志愿服务活动对孩子的成长作用很明显。孩子有器乐特长，可以通过申请考核后到进城务工人员子弟学校或一些慈善机构进行支教，这样的支教活动一般会与校方或机构签订合同，确保孩子能够完成一段时间的教学任务。支教活动不仅可以促使孩子精进技艺，还能极大地提高表达能力和组织能力。

如果孩子对生物感兴趣，可以利用生物知识开展水污染、动植物净化功能调查研究，如果和高二的研究性学习结合起来，还能得到老师的专业指导。把活动、兴趣与研修性学习结合起来，志愿服务活动也自然能够深入持续。

对于职业高中的学生，志愿活动与专业结合可以建立志愿服务活动的长效机制；对于普通高中的学生，父母和学校也可以创造机会，利用志愿服务活动进行职业方面的探索和试验。

提醒孩子记录志愿成长经历

目前全国大多数中学生已在“志愿中国”进行注册，注册之后可以在个人页面填写志愿服务活动类型、时长等基本信息，便于日后更规范的管理。

除了上述简单的信息记录之外，父母可以提醒孩子用图像和文

字记录志愿活动中的经历和感悟，让孩子保留成长的印记，在反思中认识自己。

志愿服务活动是孩子难得的社会参与，孩子会不断遇到问题并处理，还会不断刷新对自己和他人、社会的认识。比如拍摄一个关于脑性瘫痪儿童家庭的公益纪录片，在技能方面，孩子要学习写脚本、拍摄剪辑；在知识方面，孩子要了解脑性瘫痪的知识、我国脑性瘫痪儿童及其家庭的生活现状、国外相关的干预措施；在与人交往方面，孩子要联系拍摄对象，要学会如何尊重弱者，要时刻与团队密切合作协商，随时准备处理突发情况……

每一个环节中，孩子都会有所思考，从中孩子能够看到自己的兴趣可能在于与人交往，可能在于钻研技术，可能在于探究社会，也能发现自己的弱点，并进行调整。持续地进行记录，孩子能够看到自己的成长、了解自己的潜能优势与社会发展的需要，帮助孩子在走向社会的过程中进行自我定位。

回顾与思考

阅读下面资料，体会这些细节中蕴含的价值观。

现代社会中，有教养的人在事业、生活中表现出良好的个性，受到人们的欢迎，新西兰《先驱报》总结出了“有教养的人”具有的十大特征：

1. 守时：无论是开会、赴约，有教养的人从不迟到。他们懂得，即使是无意迟到，对其他准时到场的人来说，也是不尊重的表现。

2. 谈吐有节：注意从不随便打断别人的谈话，总是先听完对方的发言，然后再去反驳或者补充对方的看法和意见。

3. 态度和蔼：在同别人谈话的时候，总是望着对方的眼睛，保持注意力集中；而不是翻东西，看书报，心不在焉，显出一副无所谓的样子。

4. 语气中肯：避免高声喧哗，在待人接物上，心平气和，以理服人，往往能取得满意的效果。扯开嗓子说话，不仅不能达到预期目的，反而会影响周围的人，甚至遭人讨厌。

5. 注意交谈技巧：尊重他人的观点和看法，即使自己不能接受或明确同意，也不当着他人的面指责对方是“瞎说”“废话”“胡说八道”等，而是陈述己见，分析事物，讲清道理。

6. 不自傲：在与人交往相处时，从不强调个人特殊的一面，也不有意表现自己的优越感。

7. 信守诺言：即使遇到某种困难也不食言。自己讲出来的话，要竭尽全力去完成，身体力行是最好的诺言。

8. 关怀他人：不论何时何地，对妇女、儿童及上了年纪的老人，总是表示出关心并给予最大的照顾和方便。

9. 大度：与人相处胸襟开阔，不会为一点小事情而和朋友、同事闹意见，甚至断绝来往。

10. 富有同情心：在他人遇到某种不幸时，尽量给予同情和支持。

5

第 五 章

建立健康的亲子关系

1. 父母给予的是孩子需要的吗

今天我再一次感受到心被狠狠地刺痛，那种感觉早已深深烙在我的心里。难道父母教育孩子就是这样吗？我又不是圣人，就算是圣人也会有失误啊。一次考差又能代表什么呢？为什么你们就那么在意？再说了，我会考差、我会变得不好，难道你们就一点责任都没有吗？还是你们认为这完全是我自身的因素？你们整天就只会让我读书，读书，除了读书还是读书，你们有关心过我，有真正地为我想过吗？你们知道我真正需要的是什么吗？我需要的是一个温暖的家庭，而不是一个冷冰冰的让我毫无感觉的家。在这个家里我感觉不到一丝的温暖，取而代之的是紧张、压抑。

试问，在这种家庭里我如何专心去读书？你们生活在同一个屋檐下却形同陌路。看着自己最亲的父母这样，你们认为这样我这个做女儿的心里好受吗？那种滋味你们明白吗？不，你们根本就不明白。你们整天就只会来向我诉苦，跟我说什么“要不是为了你，我早就和你妈离婚了，所以你要好好读书啊”。而妈妈也是那样，说什么“你爸那种脾气也只有我能忍得住，要是别人早就跟他一拍两散了，我还不是为了你才忍着你爸”。你们这样在自己女儿面前说她最亲的人，你们不觉得这样太残忍了吗？我很想对你们说，我不奢求住什么高楼大厦，吃什么山珍海味，只是希望有一个完整、温暖的家庭。可是你们就连这小小的心愿都不能满足我。

你们只要一有不顺心的事，我就得小心翼翼的，担心我一个不小心就会成为你们的出气筒，遭受你们无情的谴责。可是，就算这样我也必须忍，如果我还嘴的话，遭受的将是一轮更加无情的伤害，甚至伤害到我自尊。

你们在种种原因之下逼迫着我读书，这样压得我快喘不过气来了。其实我也知道读书很重要，不需要你们这样来压迫我。我只希望你们能在我考差的时候鼓励我一下，哪怕只有一句话也能成为我学习的动力。而不是这样给我压力，让我在压力下读书。

从这名孩子的作文中可以看到，高中的孩子能够用批判性的目光看待父母的关系和教育方式，并已经意识到不良家庭环境对自己发展的负面影响，孩子也明确地知道自己的需要——没有压力的温暖的家庭氛围。

亲密关系影响孩子的发展

亲密关系指人与人之间和谐融洽的关系，重点是关系的质量，衡量标准之一是彼此相处时能够多大程度地展现真实的自我。亲密的夫妻关系和亲子关系对孩子的发展影响同样重要。

亲密关系能在生理和现实层面给人提供支持，在持续稳定的亲密关系里，大脑里的某个区域会得到很多激发，神经元和神经元会不断连接。神经元连接会对记忆力和逻辑思维能力产生积极的影响。

在心理层面上，亲密关系的价值在于给予安全感。人在有安全感的状态中去学习探索一些问题，自信心更强，人格更独立，自我成长趋于完成。

夫妻关系亲密，家庭温馨和睦，是孩子成长的最好环境。在温暖的家庭氛围中，孩子有充足的安全感，日后也会复制父母相处的模式。

亲密的亲子关系不应该附带条件。如果孩子能否获得亲子的亲密体验，取决于父母的性情好不好、孩子的成绩好不好，那么这种带有条件的亲密会让不安感深入孩子的骨子里："爸爸妈妈都没有那么爱我，怎么可能指望另外一个人有多爱我呢？"

小贴士

亲密关系指人与人之间和谐融洽的关系，重点是关系的质量，衡量标准之一是彼此相处时能够多大程度地展现真实的自我。

孩子需要与父母的亲密感

每个青少年都希望被看作一个独立自主的成年人，这也是青少年发展的目标。要实现这个目标，孩子需要逐渐脱离父母，成为一个独立的个体。对高二的孩子来说，同性和异性朋友都可能成为亲密的对象，但他们仍然需要从父母那里得到情感上的支持和关怀。

为了追求成人感和独立感，孩子可能有意无意地限制自己情感的流露，因为渴求独立但实际上不能完全独立，他们可能会过分在意独立的形式和姿态。青少年隐私权意识不断增强，父母和孩子身体接触逐渐减少，与孩子的争论和争吵有可能增多，这些都会使父母感到与孩子之间没有原来那么亲密。这种距离感可能会让一些父母感到失落，尤其是母亲。

在这段时间，如果父母主动进行调整，让孩子感受到来自父母的尊重和支持，孩子也会调整自己的行为，这个阶段就会过渡得更加平稳，从而减少双方的心理损耗。

孩子需要父母成为陪伴者

高二的孩子希望父母不是控制自己的教育者，而是辅导自己的陪伴者。陪伴，意味着以孩子为主，以父母为辅。具体来说，孩子需要父母用信任、倾听和接纳来陪伴成长。

随着形体的成熟，高二学生的成人感较强，他们希望按照自己的想法去做一些事情，相比生活上无微不至的关心，他们更需要父母在精神方面的信任和理解。父母的不信任也许会把孩子推向你们所不希望的那个地方。

孩子需要父母用心倾听自己深层次的感受，希望父母用平等和真诚的态度听自己说话。

高二的孩子个性及其他心理品质特征逐渐稳定，父母的接纳对他们很重要。一个孩子如果不能被父母真心接纳，他对自己的认可度也比较低，容易累积不自信、压抑等种种不良情绪。人的情绪总是需要疏导的，他会用其他方法、在其他地方寻找存在感和爱。

让孩子学会自主管理

高二孩子作为成长的主体，开始尝试在家庭中扮演较强劲的角色，争取个人问题的管理权利。晚上几点睡觉、今天出门穿什么、房间什么时候打扫、交什么样的朋友，之前大多父母能说了算，但到了高二孩子会认为这是个人的事情，相应的规则制定和管理权利也都属于自己。父母继续管理这些事情，孩子就会因为感到父母超越了权限、被控制而不满。

高二的孩子思维也已成熟，很少会为了叛逆而叛逆，他们和父母的分歧和争执常常是对某一件事情的定义，如果他们认为这是道德和安全问题，例如是否可以从高楼往下扔东西、是否可以一边走路一边看手机，他们大多愿意接受父母善意合理的规劝；如果他们感到父母只是想知道他们去哪里要干什么，也会因感受到父母的关心而接受，但如果他们认为父母是想决定他们去哪里干什么，他们可能就不会接受父母的建议。高二孩子与父母的冲突多集中于某些事情谁有决定权和管理权。

建立亲密关系是自我成长

父母和子女有自然的亲子关系，但不一定能够形成亲密关系。建立亲密关系需要习得和经营，需要双方都认识自己、自律，并认识他人、包容。

健康的亲密关系有两个重要的支柱——沟通和边界，彼此既亲密又各自独立。建立亲子的亲密关系，不是“如何搞定孩子”，也不是“如何战胜父母”，而是一个自我成长的问题。无论对父母还是孩子，只有双方都成为人格成熟的人，才能从容稳定地获得健康的亲密关系，拥有安全感与信赖感，获得力量去探索外部世界，最终达到自我价值的实现。

小贴士

1938 年，哈佛大学开展了一个史上对成人发展研究最长的研究项目。在此期间，他们跟踪记录了 724 位男性，从少年到老年，年复一年地询问和记载他们的工作、生活和健康状况等，这个项目至今还在继续中。研究发现：当智力达到一定水平之后，一个人金钱上的成功主要取决于他与他人的关系水平。一个拥有“温暖人际关系”的人，在人生的收入顶峰比平均水平的人每年多 14 万美元；与母亲关系亲密者，一年平均多 8.7 万美元。

给孩子关爱

父母无条件的爱和接纳给孩子带来的安全感，这种根植于内心的安全感，是孩子成长的根基。高二的孩子在自主尝试中对未知充满惶惑，需要更深层次的安全感；同时也充满期待，他们需要探索的自由。

用身体语言表达对孩子的爱。高二的好多孩子都高出父母一头，不好意思和父母像小时候那么亲密接触了，而主要通过言语与父母交流，实际上身体的亲密接触有意想不到的作用。当孩子沮丧、焦虑或紧张的时候，搂搂他，摸摸头，抱一抱，往往比言语的鼓励更有效。

在情感方面，父母要坚信孩子对父母的爱，不要为孩子暂时的疏离而焦虑，不要抱怨自己对孩子的爱比孩子对自己的爱要多。充满关爱的父母与充满焦虑的父母的心态会导致不同的效果：如果父母认为孩子和自己在情感上并没有多大差异，亲子沟通也会比较顺畅；相反，如果父母认为孩子的青春期是整个家庭的难熬时光，亲子关系看起来问题就会多一些。

小贴士

血清素是体内产生的一种神经传递物质。神经之间用血清素作为相互交谈、传递信息的一种渠道。血清素会影响人的胃口、内驱力（食欲、睡眠、性）以及情绪。

如何有效陪伴孩子

南京大学社会学系社会心理学博士黄菡谈到女儿讲对家的感觉：“不是妈妈在厨房忙碌地准备早餐，或者大雨瓢泼里从身后递来一把伞。而是沮丧时有人会跟我说一些话，然后我就振作了。”“女儿看我有点失望，她说，这就够不容易的了，好些人沮丧时听父母说了一些话，然后就更沮丧了。”

父母要善于倾听，是用心听，了解孩子的真实感受，然后通过表情、身体语言和回应，向孩子传递一种信息：我尊重你，我关心你，我用真诚平等的态度听你说话，愿意分享你的快乐，也乐于帮助你解决困难。

最重要的是，父母要真心接纳孩子的本来样子，不强加、不攀比、不批判、不怨结、不幻想，无论是孩子好的方面还是不好的方面，无论孩子的观念是否与父母的一致，完全接纳孩子，接纳他的快乐，也接纳他的伤心、难过和痛苦，让他不至于因为故作坚强而内心彷徨无助；接纳孩子获奖的辉煌时刻，也接纳他遭遇挫败的时候，让他永远敢于尝试和前行。

放权

“这个事情我说的就是对的。”

“你绝对不能这么做，没有为什么。”

立场多，表态多，禁区多，结论多，是不少父母的做派。孩子刚有什么想法甚至还没说出口父母就给了论断，孩子几乎没有思考的空间。

父母要把思考的权利还给孩子。父母感到孩子喜欢抬杠、顶牛时，要反省自己是否给了足够的空间，也要意识到他们正是在尝试独立思考。

父母要把选择和解决问题的权利还给孩子。在学习方面，大多数父母是无奈地放权；在生活方面，父母也要习惯于放权。大小问题，都听听孩子的意见，和孩子一起讨论分析，谁的观点合理就采纳谁的。

父母要把犯错误的权利还给孩子。小错误是孩子成长的资源，孩子通过犯错，知道怎么做是对的，怎么做会导致不好的结果，由此积累了经验，这样的体会父母无法替代。

2. 父母的权利和需要也应该被孩子尊重

家庭教育指导师刘称莲曾经做过一段时间的“全职妈妈”。当时女儿快上高二了，学业也到了关键时刻，她想好好照顾女儿的生活。过去上班朝九晚五，都是女儿先到家，常常她一进家门女儿就问：“妈妈，咱们吃什么？我饿了！”刘称莲只能随便做点什么，或者叫外卖。看到别的孩子一放学就能吃上热乎乎的饭菜，她心里总觉得对不住女儿，就下定决心辞了职。

刚回家时还好，可是没过多久，刘称莲就发现“全职妈妈”不是想象中的那么回事。看了一段时间书以后看不下去了，也不好意思老给别人打电话了，因为人家都忙。关键是先生和女儿习惯了她打扫屋子、洗衣、做饭，过去他们都会尽量做好自己的事情，该洗的洗，该收拾的收拾好，现在袜子、衣服乱扔，认为她理所应当把这些事做好。刘称莲感觉自己不被尊重，开始感到后悔、生气、委屈、恼怒，于是变得唠叨起来。先生变得挑剔了，女儿也觉得她天天唠叨，都要烦死了。刘称莲原以为，自己闲下来家庭氛围会更好一些，对女儿的成长会更有利，而一切事与愿违。

刘称莲突然惊醒，家庭系统出了问题，根源就是自己待在家里“无事生非”。做一个高中孩子的“全职妈妈”跟做一个婴幼儿的“全职妈妈”完全不同，婴幼儿需要妈妈全程的陪护，所以妈妈是充实的，会因为孩子的成长而充满成就感。而孩子上了高二，先生也非常忙，自己多半时间一个人待在家里，毫无价值感。她静下心来审视自己的需要和应该做的事，重新调整了生活节奏：报名学习一直很想参加的心理学课程，听关于亲子关系的课程，去大学旁听国学课程；组织好友一起去郊游；开始做兼职……逐渐地，她找回了自己的价值，重新焕发了活力，家庭氛围也恢复了融洽和谐，和女儿的沟通又多了很多话题，关系变得顺畅了。

无论是为了孩子还是为了自己，无论孩子年龄大小，无论是否做全职妈妈，父母都要有自己的生活。如果父母放弃了自我成长，全部心思放在孩子身上，心甘情愿地当“孩奴”，反而不利于孩子的成长。孩子需要认识自我、发展自我，父母也需要不断发现自己和提升自己；父母需要尊重孩子成长的需要和权利，父母的需要和权利也应该被孩子尊重，只有彼此独立完整的父母和子女才能从容稳定地获得健康的亲密关系。

父母对待自我的态度会影响孩子

父母无条件地奉献自我，为了孩子牺牲自己的生活和事业，这无疑会给孩子带来巨大的压力，在沉重的精神压力之下孩子会陷入深深的自责中。事实上有的父母在有意无意地用内疚感控制孩子，有的孩子可能会如父母所愿表现得听话孝顺，有的孩子则会为了反抗控制而变得叛逆。

用内疚感控制孩子会妨碍孩子的发展和亲子的亲密关系。内疚的孩子认为自己的想法或行为违反某些规定，把自己视为罪人，是需要惩罚的对象，希望得到宽恕。内疚的人可能会说："我不是会做这种事的人。"因此内疚会让人否认自我的真实本质，试图将自我与行为分离开来，不愿自我负责。

更深层次的影响是，父母表达情感的方式会成为孩子的模仿对象，他们会慢慢地学会父母自我忽略的性格，最终也找不到自我，成年后可能会继承或者复制自己原生家庭关系的模式："无法与人保持适当的距离，不是太近就是太远""对朋友或伴侣要求严格、控制欲惊人""喜欢黏腻的依赖关系"。

如果父母在日常生活中表现出对自我的尊重、对自我成长的不断追求，又很乐于帮助孩子或其他人，那孩子自然知道如何调整生活、成长的要求和快乐之间的关系。因此父母考虑自己的需要和权利，既是在帮助自己，也是在帮助孩子。

高二孩子能够比较全面地认识父母

随着高二孩子自我概念的分化，他们开始意识到自己个性中的不协调和矛盾，自然也会从很多角度观察父母，他们能够看到父母在家和在外的言行差异，在生活中和在工作中的言行差异，在人前和在人

后的言行差异，对父母的社会经济地位和能力高低也有所判断。

父母试图在孩子面前总是保持教育者的姿态，掩盖真实的自己，这是没有用的，孩子会为父母自身的不和谐感到困惑。有的父母在孩子面前不能展现真实的自我，其实是觉得自己不够好，如果父母不能接纳现实中的自己，就可能把理想的自我强加到孩子身上，要求孩子去做那些自己做不到的事情，孩子也不会轻易接受父母强加给他们的东西。

如果父母能在孩子面前表现真实的自我，包括父母的脆弱和不完美，这样不仅能够得到孩子的理解，孩子也更可能接受自己：“我和爸爸妈妈一样，也是有情绪的，我并不奇怪。”“父母和我一样也会犯错，也需要学习成长。”

小贴士　自我概念

自我概念是一个人对自身存在的体验。包括一个人通过经验、反省和他人的反馈，逐步加深对自身的了解。个体只有树立正确而稳定的自我概念，才能正确认识自己，客观评价自己，合理要求自己，了解并愉悦地接受自己的优点和缺点。

孩子对父母的要求有时候并不合理

有的父母片面理解“富养”之类的概念，总是无条件地满足孩子的要求，这样的父母很难得到孩子的尊重。

因为需要获得同龄群体的认可和接纳，高二孩子受同龄人影响较大，可能产生攀比心理，特别是在名牌鞋、手机或其他电子产品、同学之间来往礼物方面的消费。有的孩子会向父母提出不合理的物质要求，得到满足就高兴，得不到满足就闹别扭，用情绪左右父母，直到父母满足自己。

多数人都会贪图安逸，回避劳累，如果只要动动嘴皮，甚至不需要说什么，就有人把自己的事情都承包了，那孩子即便知道劳动有益也懒得动了。有的父母为了孩子的学习，包揽了所有家务和本应该是孩子自己的事情。孩子也得寸进尺，不断向父母提出更多不合理的要求。

还有少数孩子，凡事喜欢独享、独占，无限制地寻求和占有更多。这显然是不合理的要求，不懂得分享、赠予的必要和乐趣，会大大妨碍孩子对社会的适应。

对孩子说出感受和需要

父母积极面对问题寻找自我调节和解决的办法，对孩子也会有所启发。当父母在工作中遇到不顺心的事情，回到家中如果过于压抑情绪，有可能会把孩子的一点小错误当作发泄口；即便做父母的能控制自己，孩子也能感受到父母的情绪，可能会惶恐自己是否做错了什么。

有时候，向孩子示弱能够帮助孩子更强大。当父母购物归来，本来就疲惫不堪，还得自己一趟趟往家里搬运物品，父母觉得孩子应该来帮忙，却不向孩子提要求，觉得孩子学习也累了。父母生病了，本来想休息，却强撑着起来做饭洗衣，觉得无论如何要把孩子的生活照顾好。这样的自我牺牲并不会让孩子觉得快乐，还可能转化为对父母的怨恨，影响家庭气氛。相反，如果父母在需要时让孩子帮忙，孩子不仅慢慢会懂得体贴父母，而且还会学会关注别人的需要。

接受自己的不完美

不要被“父母是孩子一切问题的根源”之类的话压得透不过气来，父母的能力和精力有限，父母也带有原生家庭的创伤；做父母也是成长的过程，成长就是难免犯错误，没有一种成长是完美的。

一些父母在对孩子发完脾气后会陷入自责和内疚中，但人都有控制不住情绪的时候。接纳孩子，也要接纳自己；不苛求孩子，也不要苛求自己。

父母不要把所有的眼光和心思都投放到孩子身上，很多时候，父母需要转向自我，保持自我觉察。

成长需要时间，需要试错，给自己和孩子时间，只要今天比昨天做得好，就是在成长。

3. 和高二孩子好好说话

邱晨是网络综艺节目《奇葩说》第二季的冠军，接受记者采访时，她说参加这个活动是因为她正在创建一个教人说话技巧的付费项目，她需要一个场景来告诉大家，学会好好说话是件重要的事情。

邱晨的父母是老师，对她的教育开明而宽松。她说她和父亲的美德是不坚持，在达不成共识的时候，会用方法说服对方妥协。

“我放弃考美院的决定虽然是自己做的，但其实是爸妈劝阻的。他们跟我讨论，道理都是很老套的道理，不过最后他们让我自己好好想想，决定让我自己做。”

“现在我学习过说话技巧后再回头看，才知道当时因为我不需要在很紧迫的情况下做决定，反而会把他们的意见放在脑子里。如果当时他们很强硬，那我立刻会做出判断就是你们不对，那他俩讲的所有道理我都会不记得。相反，给我一个宽松的氛围，我会把这些道理不打标签、不做记号地进行琢磨。”

不把自己的意见强加给别人，是有效沟通的第一步。父母和子女如果缺乏交流很容易就会变为相爱相杀。“你必须……”“你不能……”“你应该……”这样说话的口吻，与“你觉得……可以吗”“我这样认为……你看呢”比较，很显然前者不容易被人接受。

成长密码	具体表现
深度沟通才有效	◇强烈的自我意识、丰富细致的情感体验、思维的迅速发展决定了孩子需要的沟通不再是浅表和简单的 ◇深度沟通也许就在饭桌边的闲聊或者辩论中 ◇避免冲突，话不投机时父母应及时改变
喜欢无所不谈	◇校园外的事情，讨论国内国际时事、聊聊生活琐事、谈谈为人处事，有利于孩子的知识、经验拓展，是对学校教育最好的配合 ◇敞开心扉与孩子分享自己的经历和感受，孩子会乐意倾听并从中获得启发
常有情绪化	◇孩子有情绪化的语言，是因为感到有压力或者遭遇挫折 ◇当孩子处于不愉快的状态时，全身系统处于防卫状态，会在自身与外界之间筑起一道屏障

倾听、理解

父母需要通过倾听更好地了解孩子的思想，将“我讲”变为“我听”，倾听孩子的心声。倾听时，父母要保持注意力集中，让孩子感受到爸爸妈妈的关注与尊重，不要有一搭没一搭地看手机或报纸；对孩子讲得有道理的地方，要通过语言、目光或体态给以正面反馈，加强孩子沟通的信心；对孩子的错误观点不要急于纠正，不要打断孩子的讲话；要理解孩子由于年龄和表达能力有限，无法准确表达内心想法而可能产生的偏见或者误会。

生活中有很多沟通的机会，如厨房就是亲子时间的好地方，父母做饭做菜，孩子一边干点切菜剥蒜的活儿，在温馨的气氛中亲子交流将会更顺畅。男孩子还可以和爸爸一起到球场上去，两个男子汉的身体冲撞是最好的交流方式；女孩子可以和父母一起跑步、游泳、打羽毛球，也可以去打打篮球、踢踢足球，运动后处于放松状态，交流效果也比较好。

一般来说，深度交流时两个人效果更好。三个人在一起的时候，其中两个人的谈话总被第三方插入，而且第三方的观点又往往与另外两个人或一个人不同，容易引起争执，发生争执后双方也许会尽量维护自己的立场，导致不欢而散。有些重要的事情，父母可以在两人的意见统一之后由一个人和孩子进行交流。

写信也是一种深度的交流，有的家庭设计了爸爸邮箱、妈妈邮箱或儿子女儿邮箱，用纸质或电子书信的方式交流。

先接受孩子的情绪再对话

孩子情绪化语言的开头，正是考验父母的时候。父母不要急于纠正孩子。孩子说“世界上没有几个好人”，父母不要上来就训斥：“你怎么这么说呢？”“你这个说法不对，我觉得世界上还是好人多。”这样的回话是在否定孩子的情绪。其实孩子知道自己的说法比较极端，这一点父母也应该明白。

父母可以先接受孩子的情绪：“有时候感觉是这样的。”孩子得

到理解的回应，愿意把对话继续下去，父母再找症结："你最近有什么不开心的事情？"接下来孩子就可能说出更多的事情，父母了解真实情况之后才可能帮助孩子化解消极情绪。

父母还可以用"反照性"的语言重复孩子的话，孩子说"新来的物理老师真是太讨人厌了"。父母不妨重复一下"看来他让你不高兴了"或者"你很生他的气吧"。"反照性"的陈述是听取孩子心声的有效途径。父母用不同的语言重复孩子的话，不给孩子的陈述添加任何新东西，也没有是非对错的判断，只是表示父母理解了孩子的话，有利于孩子放下防御继续对话。

控制想批评、想获胜的冲动

有的父母总是想着教育孩子，无论孩子说什么，都把焦点集中在孩子的行为上，试图给孩子提个醒或者建议。“爸爸，今天谁谁上课时和老师吵架了。”“你当时干什么了，在一边看热闹？没有起哄吧？”“你可不能这样做，和老师作对对你没啥好处。”父母并没有关注孩子讲述的事情本身，孩子接下来就没有什么交谈的兴趣了。父母的交流方式表露了父母对孩子的看法：这孩子不明白事理。这种消极的评价可能刺激孩子，导致亲子之间的冲突。

有的父母在沟通的时候，总是希望孩子最后承认被说服了，点头同意父母的意见，或者做出“我再也不会做这种事情了”“我会更努力”等承诺，这样父母才觉得沟通是成功的。但父母要明白，孩子需要一个思考和消化的时间，孩子在父母强烈的愿望下点头或做出口头承诺并不代表问题已经解决，或许那只是孩子的权宜之计。父母最后可以说：“你再好好想想，有什么想法我们再说，选择权在你自己。”这样一来，孩子即便是被父母说服了，也会有自己做决定的感觉。否则，每次都是父母获胜，孩子都以一个失败者的形象出现，那他如果不是失去与父母沟通的兴趣，就是想办法在下次沟通中获胜。

父母需要把孩子当作朋友，控制自己的这些冲动，才可能创造平等交流的氛围，达到亲子之间的有效沟通。

协商

协商不只是商业合作才需要的，协商更重要的作用是交流。亲子关系中有千丝万缕的联系，很多冲突和矛盾都是从情绪开始，然后把其他问题搅进来，让事情越来越复杂，使冲突不断升级。

协商则是一种理性思维，把源头当作一个问题来解决。协商有助于建立孩子的自尊，因为父母听取孩子的意见让孩子感受到自身的价值；协商可以减轻孩子的被迫感，有助于满足孩子的独立意识，因此应尽量让孩子先说出自己的想法和解决办法；协商有助于增强孩子的责任感，孩子会主动为自己的决定负责。

有的家庭为孩子在家学习时应不应该关上房门而争论不休。既要保护孩子的个人空间，也要保证父母有效的监管，每个家庭都会有自己的处理办法，关键是要适合孩子的情况。

父母在协商之前应该做一点准备，重要的是要问清自己——我为什么不放心？我为什么不信任孩子？打开房门是否就能解决孩子的问题？如果冲突比较严重，可以采取家庭会议的形式协商，把问题抛给孩子："关上房门之后，你有没有在学习的时候玩手机或电脑呢？你觉得这个问题怎么解决呢？"先听孩子的意见，在满足孩子合理需求的同时找到双方都能接受的解决方案，例如把电脑或手机放到家庭公共区域。

父母要注意的是，协商需要理性，不要用感情做筹码。"你这样让爸爸妈妈太伤心了"，这样的话可能只会换来孩子表面上的妥协。

回顾与思考

尊重的态度有利于建立健康的亲子关系，试一试下面的办法。

1. 用“倾听”代替“数落”。数落常常会让人恼火和反感。通过倾听，我们了解了孩子内心的想法，孩子也逐步理清了自己的思绪。

2. 用“询问”代替“训斥”。当孩子迟到了，父母问“发生什么事情了”与斥责“你总是迟到”，结果会有什么不同呢？后者很有可能会使孩子顶嘴或者懒得理人。

3. 用“给出建议”代替“威胁”。当孩子受到威胁的时候，通常会采取不合作的态度。用尊重的方式给孩子简单的建议，他们就会更愿意改进自己。

4. 用“认可”代替“比较”。当孩子得到认可，即使是小小的认可，都会让孩子愉悦，觉得父母是理解自己的，因感受到父母浓浓的爱意，从而愿意接受父母的管教。“比较”会降低孩子的自尊感，引起孩子的抵触。

5. 用“简洁的关键词”代替“说教”。长篇大论的说教会让孩子失去耐心，对父母要表达的意思失去敏感，简单的提示会让孩子清楚地明白您的要求。

6. 用“书面表达”代替“不友好的表达例如嘲讽”。书面表达如电子邮件或者书信，通常会让孩子更能感受父母的用心。

6

第 六 章

帮助孩子处理好同伴关系

1. 重视孩子的同伴交往

我高中时，曾经和我妈吵过很大的一架。因为我发现自己和周围同学的关系很差，我不知道如何和他们交谈，他们也当然不理我，我因此不快乐。我妈说："快乐不重要，把事做成才重要。"那是在我高中的宿舍里，她坐了很久的火车和汽车来看我，提了很重的牛奶和水果，我大哭大闹，不断重复着："都是你害的，都是你把我变成了一个这样的人……"我当时认为自己永远丧失了快乐的能力，我妈也痛哭。情绪宣泄这件事就像沉默一样，到了一定的程度就默认事情已经解决，而没有继续沟通的必要。那一哭之后，我内心给我妈下了解聘教练的合同，而我确信她收到了那封解约信。（摘自蒋方舟《我和我妈》）

作家蒋方舟记录了同伴关系给她带来的痛苦，而这种痛苦并不为母亲所理解。和许多父母一样，她的母亲在强调孩子学习时忽视了孩子对同伴交往的需要，这给母亲和她带来不少困扰。

同伴交往是孩子走向社会的必修课，如果父母不重视甚至否定孩子同伴交往的需要，孩子日后可能会有面对更多人际交往方面的困惑；教孩子学会与同伴相处，将帮助他们将来更好地适应社会。

成长密码	具体表现
在学校的集体关系中逐渐成长为独立、成熟的个体	◇通过在群体中独立做出决定，建立起自我认识，确定自己在集体中所处的位置 ◇更喜欢互相帮助的平等氛围。遇到学习上的问题向同学求助，而不是老师或者父母 ◇学会从别人的角度思考问题，学会如何理解他人 ◇被群体接纳、与朋友保持亲密关系，个体是被理解的，事情就会显得不那么糟糕，情绪容易稳定
亲子关系不能替代同伴关系	◇同伴关系更能提供表达不同观点、平等相处的机会，亲密的友谊带给孩子快乐和幸福的体验 ◇亲子关系好的孩子因为获得父母更多的人际交往指导，更可能获得较好的同伴关系 ◇对于某些家庭功能不完全的孩子，同伴关系可以帮助其克服早期家庭生活的创伤，学会与人亲密相处
向往有精神交流的友谊	◇日渐独立的孩子需要的不仅是玩伴，而且是伙伴 ◇更愿意与有共同体验和经历的同龄人分享。有相似的价值观、追求目标，类似的性格，共同的兴趣和爱好，近似的苦恼，彼此才更有共鸣
男孩、女孩同伴交往有差异	◇亲密友谊对女孩情绪影响大。交友顺利则愉悦，关系受阻则痛苦 ◇男孩在活动中获得的友谊比较牢固。友谊不满足于情感的需要，而是培养能力的需要。活动包括学生会竞选、比赛活动、夏令营、野外生存等
同伴关系会给一些孩子带来压力	◇不擅长社交却渴望友谊的孩子会采取顺从群体的方式，容易遵从同伴的要求，即使有自己的想法也不能坚持

重视孩子的人际交往

孩子非常在意自己在同伴面前的形象，父母要避免在孩子的同伴或朋友面前批评孩子，甚至拿孩子的缺点与同伴比较。如果确实觉得孩子有做得不妥的地方，也请先克制一下批评的冲动，等朋友走后再说，或者找机会换个朋友听不到的地方再说。孩子和同伴外出，父母可以先了解其出行同伴、活动时间、地点、方式，并商定回家时间，但不要频繁地给孩子打电话，让孩子感到自己不被父母信任。

同时，父母需要对孩子的交往圈子有一定了解，熟悉孩子往来密切的伙伴的基本情况，了解他们的基本活动规律。父母可以通过与老师联系了解情况，也可以和孩子朋友的父母进行交流。

帮助孩子提高社交能力

在高二阶段，成绩的好坏对孩子是否受欢迎的影响降低，除了个人品质外，人际因素的作用比较大。人际因素包括性格特点、亲密感及社会行为。乐于帮助别人的孩子容易建立友谊，懂得尊重和关爱能让友谊持续深入地发展。

父母可以从以下几方面帮助孩子提高社交技能：

首先，要鼓励孩子主动交往。有的孩子因为在交往方面受到过挫折，不敢贸然主动与人交往，或者是由于自卑而封闭自己。父母可以带孩子参加一些社交活动，和孩子共读有关友谊的书籍，帮孩子树立交往的自信心。

其次，教会孩子参与大家共同的话题，寻找与他人共同的兴趣，在交往中选择价值观较为接近的人成为好朋友。

再次，让孩子学会欣赏别人。有的孩子总觉得别人庸俗或虚伪，认为没有人能成为知己。父母可以和孩子多讨论别人的优点，让孩子学会客观全面地分析他人，进而学会欣赏别人。

最后，当孩子与朋友有矛盾时，父母不要对其中的是非曲直妄加猜测，更不要直接干涉，要提醒孩子尊重别人，先从自身找不足，再与朋友沟通，提高孩子分辨、处理矛盾和冲突的能力。

根据孩子的不同情况给予交往指导

对于女生，父母应该鼓励其更广泛交往。父母可以和孩子聊聊在小组学习、课外活动中接触了哪些同学，顺便建议“对呀，你和她在这方面有很多共同话题，你们可以多交流”。母亲可以与女儿多聊聊朋友方面的事情，和女儿分享自己的交友经历和秘密，及时发现女儿在人际方面的困惑并给予建议。

对于男生，父母要鼓励其向好朋友自我表露：“有不愿意跟父母讲的烦心事可以跟朋友说说，没准他也遇到过，可以给你提出好建议。”

对于不善于广泛交友的孩子，父母也不要太勉强，让孩子接受自己的状态，告诉孩子并不是越受欢迎越好，友谊的质量也很重要，

而与少量好友维持友情是多数孩子都能做到的。不要让孩子因为羡慕别人朋友多而自卑，在孩子接受自己之后再启发孩子慢慢扩大朋友圈。

对于沉溺社交网络的孩子，父母要及时提醒孩子，过度依赖网络社交会弱化现实中的社交能力，并给孩子创造参与现实社交的机会，如果发现孩子加入了不良的社交网络团体要及时阻止。

及时发现同伴压力并给予指导

如果孩子提到朋友时不是太开心或是小心翼翼的，而且总是有不能维持友谊的担心，父母就要多留心一些。

首先，父母要帮助孩子建立自信，让孩子知道自己有很多优点可以吸引朋友，也总会有人欣赏自己的特点，所以不要过分担心失去友谊。

其次，和孩子一起讨论怎样建立友谊，共同的爱好、互相帮助是基础，而顺从对于友谊并不重要，也不能获得真正的、持久的友谊。

有时候，孩子会觉得自己对朋友有责任，必须让他们快乐，于是做一些违背自己意愿的事情去取悦对方，而自己却一点儿都不好过。针对这种情况，父母可以告诉孩子，应先对自己的感受负责，其次才是对其他人负责，因为其他人也在学习成长，他们的成长并不仰赖于我顺着他们，平等的关系才是健康的关系。

最后，要给孩子确立做人的原则和底线，不管同伴压力有多大，要坚守原则，即使失去朋友，也决不能妥协，比如作弊、打群架、偷窃、吸毒等，要给孩子强调越界的严重后果。

不要过多干涉孩子的人际交往

交友问题容易成为亲子冲突的原因之一，父母应该了解孩子的交友状况，但不宜过多干涉，要尊重孩子选择朋友的权利。

不要轻易对孩子的朋友进行负面评价，即便父母认为孩子的朋友在某方面有缺点，也要在充分肯定其优点的情况下，再提出看法。

父母要明白，成绩好不是优秀的唯一标准，每个人都既有优点也有缺点，孩子必须接触各种人，在交往中提高辨别能力，才能更好地融入社会。

除非父母有足够的理由证明孩子的某个交友行为非常危险，否则不要禁止孩子交友。

2. 和孩子开诚布公谈性

片段 1：在饭桌上，思琪用面包涂奶油的口气对妈妈说：“我们的家教好像什么都有，就是没有性教育。”妈妈诧异地看着她，回答：“什么性教育？性教育是给那些需要性的人。所谓教育不就是这样吗？”思琪一时间明白了，在这个故事中父母将永远缺席，他们旷课了，却自以为是还没开学。

片段 2：思琪在家一面整理行李，一面用一种天真口吻对妈妈说：“听说学校有个同学跟老师在一起。”“谁？”“不认识。”“这么小年纪就这么骚。”思琪不说话了。她一瞬间决定从此一辈子不说话了。（摘自林奕含《房思琪的初恋乐园》）

《房思琪的初恋乐园》是台湾女作家林奕含的自传体小说。该书出版后 2 个月，作者在家中自杀。从摘录文字可以看出被性侵的孩子得不到父母的指导，她处于多么挣扎不出来、多么不被理解的痛苦之中。如果不做好性教育，类似林奕含这样的悲剧极有可能会发生。

成长密码	具体表现
性生理发育基本成熟	◇性器官发育成熟、第二性征出现和性机能的具备 ◇男孩睾丸接近成年型，一般都会有比较规律的遗精。男生在具有成人外形以前就普遍具有生育能力 ◇女孩即使具备成人外形，生理也可能没有完全成熟，完全的生殖功能至少要等月经初潮后几年才具备 ◇表现出喜欢、羡慕异性和彼此吸引接近的心理
却尚未掌握如何得心应手地处理身体成熟的到来	◇对一定范围内的异性亲密接触行为表现得更为宽容和理解，容易出现偏差行为 ◇开始意识到道德是人为设置的标准，而且有相对性，例如婚前性行为在有的民族中就可能是合乎规范的，因此这个阶段的孩子道德水平会出现短暂的下降，在性冲动的影响下，可能出现不当行为 ◇社会环境尤其是网络环境,忽视社会责任,传播扭曲的、似是而非的性观念，或以颠覆性道德、性伦理展现人性荒诞的欲望，导致性道德弱化
家庭是性教育的理想场所	◇家庭本身是体现性价值观的场所。夫妻关系是最深刻最持久的性教育，也会成为孩子日后与异性相处的基本模式 ◇父母之间彼此独立，相互尊重，是两性平等的体现；夫妻彼此恩爱，忠诚家庭，就是最好的家庭婚恋观教育 ◇家庭性教育，就是家庭成员一起学习与性有关的科学知识和健康进步的观念态度，在家庭生活中培养理解、豁达、和谐的气氛，把共同的性道德渗透贯穿其中 ◇只要孩子有疑虑、探求、询问，父母就应该给予完整全面的诠释

性不仅不能回避，而且需要反复探讨

有的父母认为，性是人的本能，到年龄自然就知道了，不用教；还有的父母认为说得越多孩子就想得越多，少说甚至不说可以让孩子少关注点；或者有的父母试图提起性的话题而孩子极力回避；有些父母不太重视男孩的性道德教育，认为反正男孩子不会吃亏；而有些父母希望女儿保持处女之身……性，是生活的组成部分，父母与孩子谈性应该开诚布公。

人的一生都需要接受性教育，青春期性教育尤为重要。性教育永远不会太早，也永远不会太晚。到了高二，多数孩子对性的知识已有了相当的了解，但不一定有清晰的观念，因此更需要性和性价值观的教育。

研究表明，清楚地阐明价值观，也并不能保证青少年会严格地遵守。然而，这至少可以确保青少年并非在一种道德真空状态中运转着。正是由于缺乏父母的指导，这些年轻人才处于最大的危险之中。

不要讲大道理，也不要威胁，而要真正地交流

如果父母打算对孩子的行为产生积极的影响，父母需要认清自己的价值观，途径是通过学习和与别人交流，然后做一个孩子可以信赖的倾听者。先听孩子说，再看看能给孩子提供哪些方面的帮助。女生可能会对择偶标准感兴趣：“找男朋友需要看哪些方面？”

男生可能会在言谈中表现出对女性身体的兴趣，不管父母从孩子的问话中捕捉到什么信息，有什么疑惑，都要选择客观的表述：“我认为……”不能指责孩子：“我知道你在想什么。”“这个年龄，你要少想这种事情。”很多孩子本来就不好意思和父母交流性的话题，一次指责或呵斥可能就会让孩子在这方面永远对父母关闭心扉。

从容自然地谈性：性是我们生命的组成部分

和孩子自然谈性，要注意平等沟通，不要神秘化。性是我们生命的组成部分，性教育实质是生命教育。把性教育从生理上升到生命，父母在与孩子交流时会更从容。告诉孩子，当生命生长成熟时，我们的思想、行为也随之成熟，这是生命的安排，让我们知道自己在什么时候该做什么事情，慎重地对待性是对自己的生命负责。

和孩子自然地谈性，要注意时机。孩子主动提起时父母要自然回应，或者从一些新闻案例谈起；不要长篇大论地演讲，指望一次把所有问题谈完，分开来说效果更好。如果孩子有异议，父母也不妨把性和其他话题一样作为辩论的内容，让孩子感到性是自然的。

分析青少年发生性行为的原因，有针对性地指导孩子在性行为方面的决策

青少年可能因为一系列令人难以置信的原因而决定发生性行为：

表达情感或者爱情

满足好奇心或者欲望

缓解性压力

感觉自己已经长大成人，独立自主了

为了吸引或者留住男朋友或女朋友

获得刺激

加深或者巩固感情

屈服于胆大妄为或者有虐待倾向的伴侣的要求

作为可以吹嘘的资本

证明自己魅力无穷

挑战规定

迫切想步入成年期

防止厌倦无聊

做别人都在做的事情

……

（摘自《青春期完全健康手册》）

在审慎地分析了这些原因后，显而易见的是，对青少年来说，性行为可以满足如此多的需求，代表如此多的含义。因此这些决策既不是在真空状态中做出的，也不一定就是针对“性”本身，而是可能涉及青少年的情感要求和社交需求，因此，对父母而言，孩子需要指导的实际上包含了各个方面。

与孩子探讨、理清他们究竟需要哪种关系，如何评估他们当前的关系，是令他们对前景产生了更积极的想法，还是降低了他们的自我价值感，限制了他们的爱好发展。

帮助孩子辨别一些有可能导致发生他们不情愿发生的性活动场合，并指导他们如何避免这类场合，比如父母不在家、孩子单独留在家里，或者与一个希望发生性关系的同伴一起外出。

3. 呵护青春期的萌动

（布莱斯全家搬到小镇，邻家女孩朱莉前来帮忙，她对他一见钟情，心愿是获得他的吻。）

父亲：你喜欢布莱斯什么？

朱莉：也许是他的眼睛，也许是他的微笑。

父亲：你必须看到整体，一幅画不仅是各个部分的简单组合。牛只是一头牛，草地也只有青草和鲜花，而穿过树枝的阳光也仅仅只是一束光，但如果将它们放到一起，就会产生魔一般的魅力。

（经过一系列的事情后，朱莉开始开始审视自己爱的人到底是否值得爱。她用局部和整体理论，洞察出布莱斯父亲的内心的某些东西已经腐烂，看到布莱斯的蓝色眼睛与他的内心一样空洞，“你没有欣赏美的眼光，我为你感到悲哀。”两人关系降到了冰点，朱莉放弃了这份爱。）

布莱斯的外公：有的人浅薄，有的人金玉其表败絮其中。有一天你会遇到一个彩虹般绚烂的人，当你遇到这个人后，会觉得其他人都只是浮云而已。

（深深思念亡妻的外公如此教导布莱斯，令布莱斯开始重新审视这个他一直想摆脱的女生。）

布莱斯：在这一场青春的洗礼里，我经历了最痛彻心扉的爱情，它是如此的扑朔迷离，差点让我误以为它不能称作爱情。可当它枝繁叶茂开花结果，却被岁月连根拔起，我连呼吸都痛了。

这是打动无数少男少女的电影《怦然心动》，那个男孩和女孩的结果如何？我们可以想象他们也会跟大多数人一样，在岁月中走岔了方向，然后再也找不到对方。但这些都不重要。重要的是那一段纯真的时光以及那些付出的努力与真心，让孩子们见证了彼此的成长。

虽然绝大多数父母并不希望孩子在高二就开始谈恋爱，但是有的孩子还是会陷入爱情当中。当孩子确定了恋爱关系，亲子关系比较好的话，他们随时可以得到父母的指导。

成长密码	具体表现
良好的关系利于身心健康	◇他们对自己的性别角色及社会地位更加明晰 ◇会提高孩子的自尊感 ◇会因为要在异性面前展现良好的形象而激发潜能 ◇练习与异性交往的技能，为日后获得成熟的爱情奠定基础
容易引发情绪问题	◇分分合合，冲突较多、分心较多，情绪消极 ◇开始把承诺和关心作为关系的特征，会比较专一地爱恋，也对对方有所要求，但其实对自己和对方都无力把握，对承诺的表现也会有不同看法，争辩、猜疑、忽视和背叛就可能出现 ◇关系的终结导致痛苦 ◇开始脱离团体活动，独处机会增多，个别孩子有可能产生越轨行为

小贴士

对苏州市六所高中的高一、高二共487名高中生的调查显示，对于爱慕的异性，67.9%的同学停留在未流露的阶段，其中女生为75.9%，男生为58.9%。男生与喜欢的异性发生了约会、有拥抱接吻、爱抚以及其他形式的性行为的比例均高于女生。（摘自张琰、黄辛隐:《高中生性意识、性行为的调查与反思》）

怎样看待孩子的异性交往决定了父母采取的态度

大多数高中生对异性的情感，一般表现为蕴藏在内心深处的秘密爱恋，是一种纯洁和美好的精神寄托。父母要鼓励和支持孩子进行适度的异性交往，珍视孩子的异性友情，让孩子懂得在交往中尊重自己和异性，保持一份平常心。提醒女孩在与异性交往时态度要大方自然，在各种学习活动中与异性坦诚合作；男孩不要盯着异性同学看，注意开玩笑的分寸，不要讲黄色笑话。

父母不能将孩子的异性交往视作谈恋爱或恋爱的序曲，即便是约会了，也不能完全与恋爱画等号。高二的学生谈恋爱现象增多，确实会引起父母的担心。有的父母会偷看孩子的日记或聊天记录、偷听孩子和异性的通话，甚至跟踪孩子，孩子一旦成绩出现波动就寻找蛛丝马迹，孩子会因为没得到信任而感到委屈压抑，不愿意与父母真诚沟通，甚至产生叛逆行为，故意制造“恋爱事件”。

父母不要胡乱猜疑，但要留心观察，尤其是孩子情绪上的变化。很多没有成为事实的恋爱也可能让孩子焦虑和忧郁，父母可以通过自己或别人的情感经历给孩子以启发，帮助孩子分析和认识自己的情感。

孩子是独立的，性也是好的，没有安全措施的行为是危险的

如果父母确定孩子恋爱了，父母首先要克制、调整自己的情绪，不要在冲动之下对孩子严厉指责、强行拆散，甚至闹到学校去。这些做法会破坏亲子关系，还可能让孩子因为抗拒父母的指导而走偏，或者因为敷衍父母而发展“地下恋情”。

父母要给孩子表明自己的立场：父母虽然不同意，但尊重你的选择，因为你已经长大了，是能够对自己行为负责的独立的人。然后，在平等的氛围中，客观地给孩子分析高中阶段恋爱的利弊，以自己的经验告诉孩子如何处理恋爱关系，如何做到不伤害别人也不伤害自己。

在彼此信任的基础上，父母和孩子协商订立一些规则和界限。例如女孩不能让男孩触摸隐私部位，不能发生性关系；男孩不要和女孩在过于密闭的空间单独相处，不能强行和女孩发生性关系等。

多数谈恋爱的高二孩子自己内心也是很挣扎的，他们更需要父母的帮助和引导，能够和父母在家中公开地交流恋爱问题，有助于缓解其负面情绪、控制不当行为的发生。

与异性子女聊一聊：父亲教女儿，母亲教儿子

恋爱中的孩子，渴望了解对方的想法、理解男女之间的关系，父母要从这个角度给以指导，公开透明地和孩子交流性的问题，解决孩子在性方面的困惑。

父母应该告诉孩子，性冲动是一种非常强烈的需要，但它是短暂的，建立在关爱和信任基础上的感情才是人们永恒的需要。如果等到成人之后再发生性关系，就不会有压力和烦恼，不必在父母或朋友面前遮遮掩掩，不必为意外怀孕、流产和性病而担忧。等待，意味着你和对方在性的问题上彼此信任，而这正是感情的基础。

无论怎样交谈，父母都应该先听孩子的想法，尽量通过启发的方式让孩子说出想法和观点，这样他们对问题的认识会更深刻理智。当然，父母要有耐心，不要指望通过一次谈话就解决问题，只有通过与孩子进行长期、现实和公开的交流，才可能让孩子做出理智现实的决定。

告诉孩子，别以为怀孕、染上性病之类的事情不会发生在自己身上

无论对于是否有恋爱关系的高二孩子，都应该让他们了解无准备无防备的性行为的风险。高二的孩子可能会低估发生性行为的后果，认为怀孕、染上性病之类的事情不会发生在自己身上。父母可

以通过书籍、视频，让孩子了解不采取避孕措施的后果，避孕套的正确使用方法和其他的紧急避孕措施，艾滋病的传播，生殖器疱疹、尖锐湿疣、淋病、梅毒等常见性病的感染、症状及治疗。

有性行为的青少年采取有效避孕措施的比率较成人低，主要原因是缺乏事先计划、缺乏方便而隐蔽的获取途径和缺乏相关知识。父母要让孩子知道获取避孕工具的途径，并提醒孩子不要抱有侥幸心理。

父母还需要让女孩知道怀孕之后应该采取的措施以及措施不当会带来的严重后果，以免孩子自行采取流产措施或到不正规诊所就诊。

回顾与思考

看看《青春期完全健康手册》的调查里孩子们希望父母了解的有关青少年性的几件事，您做到了吗？

1. 与我们开诚布公地谈谈爱情、性和情侣关系。我们虽然年轻，但这并不意味着我们不会坠入爱河，或者不会对性产生浓厚的兴趣。帮助我们以一种安全的方式处理自己的情感——既不伤害自己，也不令别人痛苦。

2. 仅仅告诉我们不要发生性行为，这是远远不够的。应该向我们解释您的观点的根据，并告诉我们您当年处于青春期的感受，倾听我们的想法，并认真对待。

3. 如果我询问有关性行为或者避孕方面的问题，请不要认为我已经发生了这类行为。请不要想当然地认为，给我们提供了这方面的信息，就是鼓励我们去尝试。

4. 我们确实在意您的想法，即使我们并非总是表现得如此。当我们最终没有按您的要求去做时，不要认为您对我们毫无影响。

5. 向我们展示良好和负责任的恋爱关系应该是怎样的。您的言谈举止都会对我们产生影响。如果您在处理自己的个人情感时表现出与人分享、互相沟通以及有责任感的话，那我们很可能会效仿您的做法。

第　七　章

有效参与孩子的学习

1. 营造学习型家庭

蓝思科技有限公司创建人周群飞，专注研发手机防护视窗玻璃20多年，被称为“手机玻璃大王”。

她出生在湖南一个贫瘠的小山村，五岁丧母，父亲因为做炸药时发生意外事故，导致双目接近失明，两根手指残缺。为了养活三个孩子，父亲除了干农活之外，还不停地学做各种各样的手艺活儿，而且颇具工匠精神。“他拜过八位师傅，这八位师傅将他带入了不同行业。师傅去世后家里摆上了他们的塑像。”“他的字写得非常好。小时候要求我背诵《增广贤文》，要我读《三字经》。有一些经典的句子现在还记得，它们也成为我做人做事的准则。”父亲的勤劳好学和殷切教诲让周群飞从小就对自己有要求，繁重的农活没有影响她的学习成绩，但因生活所迫，周群飞中学毕业后只得外出务工。“他是一个残疾人，还要不停地学，何况我是一个健康的人……”

为了便于夜校学习，周群飞选择在深圳大学旁边打工。打工期间，她先后考取了会计证、电脑操作员证、报关证、驾驶证。她对特种玻璃加工工艺的痴迷钻研也来源于父亲对手艺的精益求精……

身为农民，周父践行了终身学习的观念，塑造了学习型的家庭文化。学习型家庭是一种生活方式，与父母的学业背景和职业没有必然关系，却影响孩子的终身发展。

学习型家庭亲子关系更和睦

学习型家庭注重亲子共同学习的时机，善于利用时间，善于把周边事物转化为学习资源，善于整合家庭生活涉及的各种学习领域，包括体验社会、体验生活、体验自然的学习活动，家庭生活丰富而有质量。

学习型家庭的成员都是学习者，父母不是绝对权威，孩子也不是家庭的中心。在平等民主的氛围中，孩子更愿意参加家庭活动、乐于表达自己。

高二的孩子有一定的反思能力，父母勤奋好学的态度会让孩子重新审视学习和知识的价值，还能赢得孩子的信任和尊重，使亲子关系更加默契。

向孩子学习是父母成熟与睿智的标志

新时代的亲子关系并不局限于“父母在前、孩子在后”的引领关系，更多的是携手并行，甚至是“孩子在前、父母在后”的反哺关系。

现代传播媒介的发展使孩子有可能比父母更快接受新鲜事物、汲取新知识和新观念，很多孩子在电脑使用技能、环保意识方面都强于长辈，向孩子学习是父母跟上时代节拍的直接的途径之一。

高二孩子的思维发展水平在有的方面已经超过成人，旺盛的好奇心和学习热情使他们的视野更广阔，甚至孩子的天性使他们对事物的认识往往更接近本质，能给父母带来启发。

享受家庭公共区域的平等交流

餐厅　就着美食，谈谈各自喜欢的话题。比方，孩子喜欢传统文化，父母可以收看《百家讲坛》给孩子讲讲；给孩子说说自己工作中遇到的人和事，既进行了无形的职业教育，也增进了孩子对父母的了解。

客厅　意味着开放式的，会让父母更得心应手。不要约束太多，父母发出邀请，一起看看新闻、看看电影；可以一起玩游戏、扑克牌以及各种棋类，在享受游戏的过程中，亲子关系更融洽，很多问题才会迎刃而解。

设置一个纳物袋　如果没有工作的需要，回家之后大家都把手机放在纳物袋中。纳物袋中还可以放置学习资料与卡片，例如偶然看到的一段好词句或者一个好方法的摘抄，或者是剪报。

公共信箱　当父母想和孩子说点悄悄话时，可以把纸条封起来放到信箱里，孩子收到“信”感觉会很不一样。

2. 了解孩子的学习状况

一位高二学生的妈妈在电话咨询中说，她的儿子念初一初二时学习成绩平平，初三发奋拼搏了一年，成绩飞速进步，中考时冲进了班级前几名，考取了一所重点高中。作为奖励，父母答应了他更换电脑和允许上网的要求。高一刚开学时儿子趁着股新鲜劲儿，还比较认真，第一次期中考试成绩也还不错，这之后儿子就明显松懈了，放学回家先玩够游戏再学习，成绩自然下降。高二上学期结束时，儿子的成绩下滑严重，和老师谈话之后，儿子努力学习了几个月，成绩毫无上升的趋势。儿子开始担忧了，甚至怀疑自己的智商。这时候父母也着急了，后悔之前关注得太少，现在想说又不敢说，想帮又帮不上，不知道该怎么办才好。

许多来咨询的父母都疑惑：孩子初中成绩不错，为什么高中就很不稳定呢?

这是因为高中的学习内容与初中完全不是一个级别的，高中一年的知识量就比初中三年加起来还多，高二对自主学习能力和思维能力的要求大幅度提高。这时，父母的角色是服务者和助手，在孩子需要的时候要能够及时发现问题并采取措施。父母尊敬老师、尊重知识、重视孩子和自身的学习是推动孩子专心学习、积极上进的巨大力量。

合理的期望有利于孩子学业进步

期望具有一种能量，它能改变人的行为。高二的学生尚不能确切地评价和认识自己的智力潜能和性格特征，而是凭借一时的感觉对自己轻下结论，高傲与自卑两种情绪往往会交替出现，而父母的期望对他们的自我评价和行为影响很大。

在学业方面，父母合理的期望让孩子感觉“我有能力、我值得期待”。自我价值感增强，孩子会更加自信自尊，努力学习以提高成绩达到父母的期待。但过高的期望非但起不到激励作用，甚至会有负面作用。

父母期望过高，孩子无法达到，一次次失败的体验会挫伤孩子的自尊心和自信心，使孩子觉得“我真的不行”“我无法获得成功”。这种低自我价值感，可能导致孩子自卑、叛逆、缺乏主见，不仅影响孩子的学习，还会产生自我接纳方面的问题。

合理的期望应当是根据孩子的客观实际情况，与孩子自己的意愿相结合，他们通过努力可以达到的期望。

父母期望只是外部动机，其本质是要让孩子自觉地建立起对自己的期望，并因这样的期待激发出一股强大的力量，成为孩子前进和发展的动力。

小贴士

对于孩子的学业期望，父母应立即停止三种错误的行为：一是从父母个人的愿望偏好出发；二是不切实际地跟随社会潮流；三是用“别人家的孩子”作为目标。这些过高的期望将带给孩子很大的压力，可能对孩子的情绪、自我评价、学习、人际交往、亲子关系、行为偏差等各方面产生负面影响。

关注学习过程比关注成绩更有效

学习过程和学习结果同样重要，对父母来说，关注学习过程比关注成绩更有利于孩子的学业进步。

面对高二孩子的试卷，大多数父母不能做出有技术含量的成绩分析，絮叨和指责的关注方式效果不大，还可能掩盖问题、引发亲子冲突。相比之下，孩子自己的反思总结和老师的意见更有价值。

如果父母把目光更多地投注到孩子的学习过程中，对孩子的学习状况有比较全面的了解，更容易及时发现问题并帮助孩子改进，同时也是在提醒孩子坚持不懈、精益求精。学习过程得到优化，学习成绩自然会有所提高。

关注学习过程，就是培养孩子的学习能力和习惯养成，对于孩子的成长和发展更为重要。

高二孩子应该重点发展元认知策略

制订学习计划、在学习过程中反思并及时对学习计划或学习方法做出调整，这是一种学习的元认知策略。对于简单的学习活动，元认知策略的重要性不大。进入高中，学业成绩和复述、背诵等简单的学习策略相关不大，而与元认知策略呈显著正相关，即中学生使用元认知策略的水平越高，成绩越好。

高二阶段的孩子，因为大脑与计划能力相关的区域还未完全成熟，正是需要锻炼发展的重要时期。高二学习内容增多、难度加大，需要孩子对学习过程进行计划、监控和调整，以保证有质量地完成学习任务。其中，制订计划是自主学习活动的起始环节，父母适当参与孩子的计划制订、实施和总结，通过时间分配、任务完成情况等了解孩子的学习过程，目的是培养孩子的计划能力和自我监控意识。

小贴士　元认知策略

元认知是指个人对自己的认知过程及结果的意识和控制，简单来说，就是对自身认知的认知。元认知学习策略由元认知能力引申而来，是学习者对自己的认知过程进行计划、监控、调节、评估的策略。

养成良好的学习习惯永远不晚

良好的学习习惯主要包括课前认真预习、课堂高效听讲、课后及时复习、独立完成作业、总结反思、积极应考和自学观察等。父母可以重点关注高二孩子的预习、作业完成和总结反思情况。一些孩子没有养成预习习惯是因为原来靠上课听讲就能掌握所学内容，但高二的预习环节非常重要，预习时需要根据自己遗忘的情况及时复习高一的知识才能融会贯通，预习还能帮助孩子找到听课的重点，带着问题听课能够提高课堂效率；父母应不时地看看孩子是否能独立完成作业、老师批改之后孩子是否改错并反思总结，发现问题提醒孩子及时解决。

对于学习习惯较差的孩子，父母可以循序渐进，分阶段重点强调某一种习惯，例如在学期的第一个月主要关注孩子课前预习情况，第二个月通过与老师沟通了解孩子的课堂状况……同时间要求太多孩子不容易接受，父母也不好监督。

此外，父母要及时肯定孩子学习中表现出的良好行为习惯和取得的进步，使好习惯得到强化。

小贴士

习惯是人的第二天性，其巨大的力量可以主宰人的一生。学习习惯是在学习过程中经过反复练习形成并发展，成为一种个体需要的自动化学习行为方式。家庭具有针对性、渗透性、普遍性和亲和性、权威性等特征，是习惯养成的重要场所。在学习习惯的养成上，家庭具有独特优势。

参与孩子制订学习计划

学习计划一般包括学习目标、学习内容、时间安排和实施方法，制订时可以参考老师的建议、同学的经验或其他计划模板。

在计划的制订阶段，父母可以和孩子一起讨论计划制订是否合理，例如学习时间的分配、任务难易的搭配等，培养孩子不断审视、调整的意识。在计划的实施阶段，父母要根据孩子的自律水平，进行适当的监督，看看孩子在计划的时间内是否完成了相应的任务以及完成的质量，逐渐引导孩子自我监控。如果孩子在执行计划中有困难，父母要告诉孩子，困难能反映自身和计划的问题，例如学习状态、学习方法、学习进度和内容等，针对问题进行调整，就会取得更好的结果，这是一件好事情。

在某项学习任务的结束阶段，父母提醒孩子总结完成效果和中间环节是否存在问题，便于孩子以后按照这种模式进行总结，养成自我反思的习惯。

帮助孩子建立学业求助系统

高二的孩子自我意识发展到一定水平，非常在意自己在别人眼中的形象，在学习中遇到困难和问题不喜欢向别人求助，尤其不喜欢向老师求助。

父母要告诉孩子，高二学习对思维要求较高，上课认真听讲了作业却做不出来、认真完成了作业却没考好都是正常的，但自己努力后不见效果时，应该和父母一起商量解决，父母可以寻找更多的资源和渠道给以及时的帮助，避免问题积累。

父母要打消孩子的顾虑，告诉孩子老师更欣赏问问题的学生，因为提问表现出你对该科目有兴趣和你的钻研精神，还可以给老师提供教学资源，所谓教学相长。

除了鼓励孩子求助老师、与同学探讨外，父母还可以帮助孩子建立求助系统。有不少父母都困惑于是否要给孩子请家教，如果能让孩子带着问题与家教互动，效果会比较好，报补习班也一样。

学业求助不仅是一种学习策略，也是人际交往的一种沟通策略，学会求助让孩子与他人建立更加密切和广泛的联系。

小贴士

现在校园风靡各种搜题软件，不用求助别人，用手机拍个照就能得到解答，甚至比老师讲得还详细，有的父母也因此感到省心。但高二孩子自控能力还不够强，频繁使用搜题软件容易产生依赖心理，建议在考前需要集中“刷题”的时候适当运用搜题软件，在平时的学习中父母还是要提醒孩子尽量少用，多向老师请教。

了解并疏导孩子的师生关系

良好的师生关系能促进学生取得良好的学业成绩。如果师生之间关系友好，孩子在课堂上与老师积极互动，思维活跃，课堂效果就好。反之，孩子可能用不听课、不做作业等方式来表达对某位老师的不满。

高二的孩子大多不会主动告诉父母自己和老师关系如何，父母可以通过孩子的言行，观察孩子对老师的评价；可以在与孩子交流校园生活时引导话题，了解孩子与老师的关系，比如“你在趣味运动会上的照片是哪位老师拍摄的？你们哪位老师最喜欢拍照……”还可以从自身的经历说起，“我记得原来我的语文老师要求我们背诵这篇古文，你们老师……”

在交流中，父母要允许孩子对老师进行批判，高中孩子建立自我同一性的过程是探索的过程，也是批判的过程。只有经历这个过程，孩子的价值观才能建立起来。

父母要引导孩子发现老师的优点，理解老师的失误，鼓励孩子与老师多交往。父母自身要理解和尊重老师，不要当面说好话，背后贬损老师，否则，会让孩子对老师产生负面评价，影响师生关系。如果发现孩子与老师有冲突或误会，父母可以私下约老师交流。

3. 主动进行家校合作

家庭教育指导师、心理咨询师刘女士和女儿是家校沟通良好的受益者。她的女儿上高二时数学成绩在班里排倒数，她在一次家长会结束后去办公室找数学老师，老师说："你女儿得努力啊，她这成绩实在是太差了。"当时还有几个父母围在那里，刘女士觉得脸上火烧火燎的，好在老师很理解家长的心情，进一步指出了孩子的问题所在：主要是基础太差，对数字也不敏感，需要从基础补起。回家后，刘女士把老师的话对女儿"演绎"了一番，说数学老师认为她主要是没找到数学学习的窍门，建议她回炉高一的知识，如果有困难还可以随时去问老师，这样一定会有明显进步。

女儿接受了这个建议，数学成绩慢慢地赶上来了，"高中三年，女儿从中下游到中游，再从中游到上游，最后考上理想的大学。每一个阶段，我都和老师保持良好的沟通，而且得益于这些沟通。"

有的父母以为家校合作就是开家长会或听学校讲座；有的基于自身的经验认为高二不需要家校合作，或者认为学校教育无需父母参与；还有的怕打扰老师的工作生活，或者不知道该和老师说什么。

家校合作内容丰富

家校合作是以孩子的健康发展为本，而不是以升学为本的合作模式。在新的世纪，孩子无法因循父辈的成长轨迹，教育要围绕学会求知、学会做事、学会与人相处、学会生存与发展、学会反思来展开，培养人具有适应变革的能力。以下为三种常见类型：

自我认识　高二是孩子价值观和自我认识形成的重要时期，处于对自我认识的不稳定性阶段，父母不但要通过各种渠道了解孩子的在校表现，还要让老师对孩子有更多了解，使家校给予孩子一致的评价和发展建议，以利于孩子形成清晰的自我认识，并坦然接受自我，否则，角色的冲突会加剧青春期的情绪问题。

安全教育　高二孩子因为控制冲动性的脑功能尚未成熟，容易发生冲动冒险行为引发意外伤害，因此父母了解学校安全教育的内容，抓住时机，在生活中给以孩子情景化的训练，能有效地强化孩子的安全自护意识。

体育锻炼　通过家校合作，父母还可以了解体育教学内容、与体育老师沟通，双方共同督促，对促进孩子养成锻炼习惯有积极的推动作用。

根据不同的内容，父母可以选择不同的合作类型。无论哪种类型的家校合作，都按照“分享信息—协调配合—合作行动”的层次推进。

父母可以做的

——当好父母：创建适合学习的家庭氛围，通过不断学习提高家庭教育水平；

——相互交流：了解学校要求和学期计划，了解孩子的进步，有效应对孩子的问题，畅通与学校和教师的交流；

——志愿服务，帮助和支持学校工作；

——在家学习：和孩子讨论有关学校和作业的话题，帮助孩子进行学习计划和决策；

——参与决策：一般由家委会委员等父母代表参与；

——与社区合作：利用社区资源配合学校活动，提高孩子的学习技能。

与老师沟通的三个重要时机

——在家长会前后和大考之后是父母和老师沟通的常见时间点。

——当家庭出现父母离异、再婚、外出务工或其他变动时，父母应该主动与老师沟通，商量如何尽量减少负面影响，老师一般比较有经验。

——当孩子学习环境变化或情绪有较大波动时，也是需要父母和老师沟通的时候。

父母不要只在孩子出现问题时才与老师联系，当孩子在课内外取得进步或成绩时您也可以告诉老师，老师会非常高兴看到学生的进步，向孩子传递更为积极的期望。

父母平时要注重维护和老师的关系，在节日里通过微信、短信、电话、博客为老师送上真诚的祝福。当父母和老师的沟通更融洽时，老师会更关注孩子的情况，处理孩子的问题能采取更合适的方式。

家校合作中的父母需要注意的事项

引导老师关注孩子的优点

在家校合作中，父母以“合作者”“参与者”的身份主动发起沟通，引导老师关注孩子的全面发展。但注意不要总是向老师反映孩子的缺点，也要把孩子在生活中的优点给老师说说，比如孩子体贴父母、自理能力强、喜欢动手，等等。这样，老师就会注意到孩子的优点和长处，当孩子感受到老师的欣赏时，学习的劲头就更足了。

传递给孩子的信息要适当“加工”

高二的孩子往往不喜欢父母与老师沟通，觉得这是把自己当小孩看。父母要做老师与孩子之间的协调者，让孩子感受到支持和有所收获。

有的意见父母不必告诉孩子。如班主任老师说孩子性格比较内向，不爱参加集体活动，那就在下次班级联欢会前买些装饰品让孩子带去学校，为其创造参与的机会。

有的意见父母要“加工处理”后告诉孩子。如英语老师说孩子不太下功夫，只是啃初中的老底子，那父母可以说“老师说你语法基础很好，如果掌握阅读技巧一定能进步”。一段时间后，和老师再沟通，让老师看到孩子的变化，促成师生之间的深度互动。

老师与学生交流时一般以正面鼓励为主，但会直接给父母谈问题，作为父母，无论什么时候都要相信孩子，不能因为老师反映一两个问题就认为孩子百般不是。如果父母都不能客观全面地评价孩子，孩子又怎么能认识自己呢。

回顾与思考

1. 想一想最近从孩子那里获得的知识、技巧或者某些观点。

2. 当孩子学习出现困难时，父母可以从哪些方面提供支持？

3. 父母与老师的合作，要注意把握哪些原则？

第八章

引导孩子管理好生活

8

1. 开启线上生活管理

一位妈妈在学生父母群里提议父母们一起向老师建议禁止孩子在学校使用手机。她的儿子上高二，为了不让孩子上网，她把家里的电话线和网线都断了，发现儿子用手机上网后，她把儿子的手机也没收了。前不久在和别的学生父母聊天时得知儿子在学校里使用手机，她追问儿子手机从哪儿来的，儿子说是借同学的。儿子说老师板书太多，课堂上没抄下来，同学拍下来之后他借来抄。儿子的解释似乎无懈可击，可妈妈还是一肚子怀疑，费了很多心思，一段时间之后才知道儿子是用零花钱买了部手机在学校用。妈妈痛斥儿子撒谎、不知好歹。儿子说因为前一段时间有 NBA（美国男子职业篮球联赛）的比赛，酷爱篮球的他想收看直播，和球队的队友们一起交流，可家里把网断了，他才想出这个办法来。“您不让看我也老想着，学习学不进去，看了之后就能静下心来学习了。”儿子的话还不好反驳，气得妈妈只好以一句“总之你瞒着父母这么做就是不对”来暂时结束争执。

这位妈妈在学生父母群里的发言引来不少父母的回应，纷纷控诉自己孩子使用网络的“劣迹”，说了一大堆手机和网络的弊端，但提到向老师建议时，多数父母又沉默了，还有父母说“还好孩子没去网吧”。

父母们的矛盾心态可见一斑，多数父母都意识到网络已经成为现代生活的重要部分，知道“禁”是不可取的，但“用”又是不放心的。原因之一是在势不可当的网络浪潮冲击中，孩子们已经成为主力军，而父母尚未做好足够的心理和行动准备。父母必须转换观念、主动应对、积极学习，和孩子一起开始线上生活的管理。

合理利用网络有利于高二学生社会化

网络增强社会化的自主性。在网络社会中，孩子可以根据自己的喜好选择互动的对象、内容和形式，体现了更大的自主选择性和主体能动性，满足了高二孩子对独立自主的心理需求。

网络提供角色演绎空间。角色扮演在个体社会化中有非常重要的作用，有利于孩子进行换位思考和体验，在网络社会中，孩子可以体验作为长辈的感觉，还能从容地体验不同的职业角色。

网络促进知识和技能学习。互联网是一个庞大的知识综合体，网络信息的广泛性、学习方式的多样性不仅拓展了视野，也提供了更多选择，可以激发孩子的学习兴趣和求知欲。

网络促进人际互动。孩子可以在网络中随时了解朋友动态、展示自我，用相对较少的时间和精力就能与朋友进行互动，实现即时交流。多数高中生使用社交网络是为了维护现实中的友情，他们在网上主要是和同学交流，交流内容一般是兴趣爱好以及身边的人和事。

网络成为社会参与的重要途径。高二孩子有较强的社会参与需求，现实生活和学习任务对他们有诸多限制，但网络的平等性实现了参与的主体地位，网络的隐秘性赋予参与的充分自由，网络的快捷化使孩子的社会活力得到充分展现，网上的投票、协商、民意测验、资源分享、公益救助等为孩子提供了多层次、多方位的社会参与形式。

网络如同水火，利弊同在。高二孩子具有较强的批判意识和能力，可引导其学会批判性地鉴赏，选择有益的信息、拒绝垃圾信息，提高媒介素养。

小贴士　媒介素养

媒介素养是指在人们面对不同媒体中各种信息时所表现出的信息的选择能力、质疑能力、理解能力、评估能力、创造和生产能力以及思辨的反应能力。

四种上网行为

内控—现实结合为健康型，特点是能控制自己、利用网络主动寻求有益发展；

外控—现实结合为成长型，特点是能有效利用网络学习，但自我约束能力稍弱；

内控—虚拟结合为满足型，特点是主要利用互联网的娱乐社交功能以愉悦心情，能自我控制；

外控—虚拟结合为边缘型，主要特点是追求虚拟生活，自觉性较差。

健康的上网行为关键在于控制和有益，引导孩子从外部控制转化为自我控制、更多地利用资源促进发展，父母在其中应发挥适当的监督作用。

网络成瘾多与现实因素相关

“网络成瘾”这个词出现不到二十年，目前医学界尚无公认的判定标准，但当在线生活影响了线下生活，并引发冲突时就是危险信号，例如孩子因为上网拒绝上学和出门。最容易引起中学生网络成瘾的三个方面是：网络游戏（包括在线赌博）、网络社交和网络色情（包括虚拟性行为）。

网络成瘾与父母的教养方式、中学生的同伴关系质量、个体的人格特质有关。

不良的亲子关系是导致中学生网络成瘾的直接原因，父母的否定让孩子在现实生活中体验不到成就感，转而到网络中通过各种虚拟角色体验满足感；得不到父母的理解和温暖，网络容易成为孩子的感情寄托；父母过分严厉的惩罚或过度干涉，可能造成孩子的压抑、以网络为情绪发泄口。

在现实中缺乏与同伴的正常沟通与交流，孩子可能通过网络社交或网络游戏结交陌生人；如果孩子的朋友圈子里有人沉迷网络，孩子也可能受到影响。

容易焦虑、抑郁、自控能力差的孩子和喜欢冒险、刺激的孩子易网络成瘾，此外，性格内向敏感的男孩更可能网络成瘾。

对网络无节制的使用也可能导致网络成瘾，如果没有特别的需要，以每天使用互联网不超过一个半小时、每周不超过 10 个小时为限。

高二孩子要开始线上生活管理

大多数高中生还没有管理线上生活的意识，但数字声誉时代已经到来。孩子并不完全知道，他们的所思所想在网络上到处都可以留下数字痕迹。仅从技术的角度来说，他们在网络上发布的一切所有人都能看到，而且会无限期地保留。现在，国内外不少公司都会在网上检索应聘者的相关信息，不断开发的数据处理工具可以使信息筛选更加精准，国外有高校招生时会审查学生的社交网络，有的国家还可能要求入境者交出社交网络账户密码。教育和制度对技术的反馈越来越迅速，在孩子们走向社会、进入职场之时，数字痕迹将成为他们重要的个人档案，父母要尽早提醒和帮助孩子开始管理自己的数字声誉。

对高二孩子来说，线上生活比线下生活有更高的独立性，也意味着有更大的责任，他们的在线生活需要更加谨慎地管理。

小贴士

中国青少年研究中心主持开展的中、美、日、韩高中生安全意识对比调查研究发现，中国高中生遭遇网络侵权现象在四国中最严重：47.2% 的网络密码被盗，11.5% 的个人信息在网上被恶意乱用，42.3% 收到过虚假的付款要求，17.0% 的网上购物被骗，为四国最高。此外，在网上被威胁恐吓（7.5%）、个人照片或视频被恶意传播（7.0%）、被团伙欺负（5.0%）的中国高中生在 3 个亚洲国家中最多。这与我国网络立法滞后和个人网络安全意识淡薄有密切关系。

培养孩子批判性的媒介素养

电视、互联网和移动网络是现在孩子接触较多的媒介，纸质媒体和广播对孩子也有一定的影响。父母可以引导孩子分析媒介背后的思想和意识形态，让他们理解媒介文化是建构的结果：你所看到的都是媒体想让你看到的，媒体有很多办法操纵大众的认知和观点，它无需撒谎，只需呈现部分的事实，就能够达到扭曲真相的目的，因为每种媒体后面都有自己的价值取向。游戏作为一种产业，其利益链条后有着更多的秘密，如果孩子有所了解，就可能激发他主宰自己、不被别人操控的自主意识，进行自觉理智的抵御。

在批判性了解的基础上，还可以鼓励和引导高二孩子建构自己的网络文化，例如通过博客、微博、微信公众号、微电影、视频等文字影像或记录生活、表达自我，或发展兴趣、进行研究，或组织、宣传、记录活动。高二的孩子已经具备相应的能力，父母要给以时间乃至技术上的支持。当孩子在线上生活中找到自己的空间和位置，就不容易被其他信息吸引而迷航。

向孩子请教使用电脑

高二开设有计算机或技术信息课程，主要学习计算机基础知识、Windows 操作系统与指法训练、文档处理、网页视频制作、简单编程等知识，职业高中的学习内容更多。在电脑技术方面，多数父母不如高二孩子，可以向孩子学习。

计算机是会考科目，除了在学校学习，孩子回家也需要练习操作。如果父母对电脑不熟悉，可以从头开始学起，看看孩子怎么操作，虚心向孩子请教基础知识；如果工作需要，可以请教孩子制作 PPT、视频等技术；还可以用任务驱动法鼓励孩子学以致用，例如请孩子设置家庭局域网络，这样不仅可以增强父母的电脑技能，也能促进孩子的学习。

现在的父母即使不懂电脑技术，大多也会上网。可以和孩子一起上网，加深对孩子的理解，增强与孩子的沟通。孩子可能会在网上表现出不认可的另一面，例如平时挺文雅的孩子会在网上说粗话，父母不要立即批评，理解孩子宣泄情绪的需要，等事后再帮助

他分析。在和谐的家庭氛围中，上网也能成为一种共同的学习或休闲活动。

和孩子一起学习、一起上网，能有效引导孩子对网络的合理使用。

积极预防过度使用网络

网络成瘾一旦形成，就比较难治愈，最好的治疗就是预防。

如果发现孩子有过度使用网络的倾向，父母首先要对自己的教养方式进行反思、改进：是否对孩子否定得太多，总直接或间接地表示孩子这儿不对，那儿也差得很远；是否给了孩子充分的理解、温暖和支持，尤其是在孩子遭遇挫折的时候；是否过于忽视孩子，让孩子在现实生活中找不到存在感。

注意观察孩子的同伴交往情况。对于同伴交往不良的孩子，父母要帮他分析原因，鼓励他在现实生活中发展交往技能。

丰富孩子的生活。除了学习就是学习违背孩子的本性，单调的生活会让人厌倦和郁闷，父母应鼓励孩子参加社团活动、志愿服务和体育运动，节假日和孩子一起运动或旅行，支持其发展良好的兴趣。孩子的线下生活充实，就不容易沉迷网络。

网瘾不只是一种心理疾病，还是一种内分泌紊乱的神经类疾病，患者有病态心理，不同程度地存在抑郁、自闭、焦虑、偏执等心理障碍。如果发现孩子网络成瘾，建议及时带孩子去正规医院进行心理咨询，根据专业人员的建议进行治疗。治疗过程中父母要积极配合，参与家庭治疗计划，改变教养方式，完善家庭功能。

帮助孩子进行线上生活管理

把电脑和手机放置在家庭的公共生活区域，而不是放在孩子的卧室里，尤其是夜间要提醒孩子把手机放在卧室外，以免他们抵御不住诱惑，影响睡眠质量。

告诫孩子在网上不能透露密码，在使用公用电脑或者其他可能不安全的电脑时，更要小心谨慎地输入私人信息，始终保持已从账户注销状态。

提醒孩子使用网络安全软件，包括电脑和手机，并保持软件更新，不要随意点击链接，以免感染病毒；不要随意蹭用公共场合的Wi-Fi，网络财物交易应经过父母许可。

父母要了解孩子的在线生活，例如社交网站、照片、圈群活动等，建议检查孩子访问的站点，您需要知道孩子在线上去哪儿、和谁在一起、做什么。

提醒孩子保持管理自己的线上形象，包括线上的语言、隐私信息、影像使用，强化孩子的网络道德规范，限制网络使用时间和非法下载。

父母应规范自己的网络行为，不要沉迷于网络游戏和网络聊天，给孩子合理使用网络的示范。

和孩子商量制定线上生活管理规范，包括上网时间、内容、地点、安全维护等，可以在电脑前张贴该规范。

2. 理财教育亟须加强

小袁是个高中住校生，包含三餐伙食费在内，每周零花钱 150 元。“有时候忙起来会忘了吃饭，爸妈时不时也会送来爱心餐。”小袁说，秉承着“省下来就是自己的”这一原则，自己对吃这方面比较随意。她告诉记者，除了常规的每周 150 元，自己的零花钱还来自过年的压岁钱。今年过年，她一共收到三四千元的红包，但这年刚过一半，钱就花完了。奶奶奖励她的 2000 元红包刚到 8 月也清零了。省下来的伙食费、压岁钱和升学奖励都用到哪儿去了？小袁坦承：“追星！”

原来，小袁是日本某明星团体的粉丝。她声称自己刚“入坑”，与偶像正处于“热恋期”，因此对该团体的专辑、周边产品都毫无抵抗力，一见到就想买。追星有多“烧钱”？她给记者举了个例子：12 月，她买了该团体的两张专辑近 700 元，两本相关的杂志 100 多元，加起来便已经 800 多元了。“幸亏这个月有圣诞，不然我花得更多。”小袁解释，同学特意打听后给她买了该明星团体的相关产品作为礼物，“礼物加起来也得 600 多元了。”

“我想改变很久了，但实在是招架不住。”小袁坦言，自己对零花钱有再好的规划，也敌不过偶像刚出的一本杂志或一辑照片。

小袁表示，自己在其他方面省钱、克制消费，都是为了追星。

同时，追星也成为她努力学习的一个动力，“现在的粉丝都太厉害了，如果不好好学习，将来追星都没有能力，连张世界巡回演唱会的票都买不到。”

（摘自2015年12月31日《新快报》《两成多中学生每月零花钱超过500，同学间“人情消费”不得不花？》）

偶像崇拜是中学生探索自我的一种体现，追星现象很正常，追星高消费则是孩子整体消费观的问题，而非仅在追星这一方面。理财教育从孩子能够自主消费就可以开始，高二阶段重在观念引导，尤其是消费价值观。

高中生亟须理财教育

理财能力是孩子进入社会应具备的基本素养，现代家庭在孩子身上的消费和给孩子自主支配的钱财越来越多，高中生几乎每天都要和钱打交道，很多孩子有财可理、有财需理；青少年畸形消费乃至因对金钱错误的认识和行为导致犯罪的案例不断出现……理财教育的重要性和必要性越来越被社会各方面所认识。

理财教育不仅培养孩子的理财技能，也是思想道德教育、行为习惯养成、社会适应能力培养的一个重要载体。

理财教育培养良好的品质。通过了解金钱与劳动的关系，孩子知道父母挣钱的艰辛，进而懂得感恩和珍惜，懂得诚实守信是做人不可或缺的品格。

理财教育提高辨别和分析事物的能力。通过自主消费，孩子需要透过令人眼花缭乱的广告宣传和促销手段，对商品的价格、质量进行考察对比，最后做出符合自身情况的判断和选择。

理财教育是自我管理的实践。财务管理是自我管理重要的一部分，能促进孩子责任意识的养成，让孩子在学习或生活的其他方面，更有计划、懂得克制，并合理运用资源。

理财教育观念是先导

理财意识和能力不会随着年龄增长、收入增多而自然获得，不少成年人也缺乏理财观念。理财教育绝不是管钱、算账、过小日子，而是从观念到行为、贯穿在日常生活诸多领域之中的全方位教育。理财教育伴随终身，父母应和孩子一起学习，以适应经济生活的需要。

行为层面上，在管理零花钱、购物、存钱、投资保险、家庭支出安排等与孩子密切相关的事项中，父母要给以高二孩子决策和参与的机会，充分发挥孩子的智慧和创造能力。

知识层面上，高二孩子从课本上基本认识了金钱的本质和价值是什么，以及在经济活动中如何维护自身合法权益基本常识，但还缺少如何创造财富、如何管理和消费等操作性的知识。

理财教育观念是先导，高二的孩子正处于价值观形成期，需要在日常生活与钱打交道的细节中培养他们正确的金钱观、财富观和消费观，引导他们树立正确的世界观、人生观和价值观。

消费价值观教育是理财教育的重点

消费价值观是人们对待自己可支配收入的态度以及对商品价值追求的取向，指导消费者在进行或准备进行消费活动时买什么、如何选择、怎么买。

高中生还不是财富的创造者，却是消费者，他们的消费需求和欲望随年龄而增长，但他们手中的钱来自成年人。两者之间的矛盾和差异，决定了消费价值观教育是高中阶段理财教育的重点。父母要在日常生活中培养孩子形成正确的消费价值观：量入为出，适度消费；避免盲从，理性消费；保护环境，绿色消费。

对待物质财富，适度消费价值观既不主张一味节约吝惜，也不赞成毫无节制的滥用，主张消费时不仅考虑自身效用的最大化，而且考虑他人利益乃至社会利益，不仅考虑眼前利益，还要考虑长远利益。

有父母因为家庭经济宽裕对孩子花钱不加限制，有父母宁可自己省吃俭用也尽量满足孩子的物质要求，那么，对孩子来说价钱只是个数字，意识不到消费后父母的负担，很难理性适度地消费。

父母以身作则引导适度消费价值观

父母的消费行为不仅持续性地传递了父母的消费价值观，同时也反映出家庭的经济状况。高二的孩子应该了解家庭的真实经济状况，知道家庭能够承担的教育、生活、包括追星消费等在内的休闲娱乐费用限度，对自己的消费范围有一定的了解。

家庭的收支记录或消费记账是最直观的理财教育，父母定期记录并分析每笔消费的目的和效果，通过耳濡目染对孩子的金钱观和消费观产生潜移默化的影响，同时通过对零花钱使用、自主消费或投资理财的指导，让孩子在实践中养成适度消费价值观。

如果有条件，建议孩子尝试勤工俭学活动或力所能及的兼职，或体验职业岗位，或到贫困地区体验生活，或参加"一元钱生存挑战"之类的活动，让孩子从中体会如何创造财富和劳动成果的来之不易，同时也体察社会，培养他们的责任感和独立精神。

高二孩子可以为家庭和个人理财

建议在寒暑假相对较长的一段时间内，让高二孩子全面掌管家庭财务，首先是家庭财产统计（指实物财产统计，如房产、家居、电器等，收集整理重要的原始购买单据并妥善保存）、家庭收入统计（包括每月的各种纯现金收入，非现金或银行存款的潜在收益应该归入家庭财产统计，保险金等未来收入要在实际领取时再列入收入）、家庭支出统计（包括房租或按揭还贷款等固定性支出、水电气和通信交通等必需性支出、吃穿营养等生活费支出、全家的学习教育支出、疾病医疗支出及其他）；然后参考第一个月的支出明细表制定生活支出预算，在预算中可以单列一个“不确定性支出”，理财的目的不是控制消费，而是要让钱花得实在、花得明白；最后，注意理财和投资分立账户，每月收入减去预算支出，剩下的资金可以存入投资账户。

家庭收入和支出统计比较繁琐，使用 Excel 等软件记录就非常简单，也有利于保留和分析。

如果孩子没有时间进行家庭财务的管理，至少要对个人财务，主要指个人的零花钱和存款进行相应的管理。父母要提醒孩子不但要记账还要反思，每周或每月进行汇总，看看每笔钱是否花在了需要的地方。坚持一段时间，孩子就能养成量入为出的好习惯。

鼓励孩子进行投资理财

如果孩子对投资理财感兴趣，父母应该积极支持鼓励和指导，帮助孩子推荐或选择理财产品。建议孩子在一定的资金、活动范围内进行尝试，例如资金主要为压岁钱收入或自己劳动所获，活动则以不影响正常的学习作息为度。

成长型基金比较适合中学生理财，其主要投资对象是市场中有较大升值潜力的小公司股票和一些新兴行业的股票。为达成最大限度的增值目标，成长型基金通常很少分红，而是经常将投资所得的股息、红利和盈利进行再投资，以实现资本增值。

在投资理财过程中，孩子不仅学习拓展了金融知识，还体会到每个人都有享受金融服务的权利，同时需要具备风险意识，为自己的行为负责。

如果孩子对投资没有兴趣，父母可以给孩子设立一个比较长远的目标，例如求学、创业等，鼓励孩子围绕目标把压岁钱等收入进行储蓄等简单的管理规划。

回顾与思考

1. 向孩子请教并学会一项线上生活的技能。

2. 将家庭收支情况如实告知孩子，请孩子做份家庭财务规划，短期或长期的均可，半年后回顾、修订。

第 九 章

你问我答

1. 高二学生关注专业选择是否过早?

孩子高二的家长会，老师提醒父母和孩子要关注大学及专业的选择，根据孩子的情况做初步的规划。孩子的爸爸说还有一年多时间，不用这么着急，现在考虑这些会让孩子分散精力，再说这个问题想太多没用，有了好的成绩不怕没有好大学、好专业。意见听多了，我也乱了，不知如何是好。

老师的提醒非常重要，高二开始培养孩子的职业生涯规划意识已经不早了。不少父母都只是告诉孩子要好好学习考个好大学，却很少让孩子去探索和发展自己的兴趣，思考发展的长远方向。孩子只是为学习而学习，不知道学习的知识和自己的将来有什么关系，这正是许多孩子学习没有动力的原因之一。

职业生涯规划远远不局限于选专业，它包括三部分内容：清楚认识自己、了解发展的环境、定位自己的目标及为实现目标而采取的方法行动。

当孩子不知道该如何开始职业生涯规划时，父母可以和孩子一起分析：“我的优势是什么？”“我想做什么？”“我要怎么去做？”“环境或条件可以支持我做什么？”……帮助孩子认识自己和社会需要，明确定位。

高二还可以开始择业试验。孩子对社会行业的分工了解不多，有的受媒体影响对一些职业有误解，父母可以引导孩子参加职业实践活动，有条件的可给孩子提供岗位体验经历，以便他们结合自己的情况做出更切实的选择。

2. 职高学生如何面对分流选择？

女儿在职业高中读幼师专业，现在已经进入高二下学期，面对分流的选择：可以进行高考复习参加职业类大专院校的单考单招，也可以去实习，高中毕业后直接就业。我们希望她参加高考，不管怎么说，能上好的学校就有可能找到更好的工作，职高毕业生工作也不那么好找，幼师责任大待遇也不高。女儿却想去实习，准备当幼师。我觉得女儿主要是怕考试，一家人为此争执不下。

虽说年轻人的未来充满了各种可能性，但对职高学生来说，职业方向的选择有一定的局限性。此时，孩子们的学科学习能力差别越来越明显。如果仅用能否继续升学这个单一的尺度去衡量，既不符合职业高中教育的特点，也大大加重了孩子的心理负担。

“不管怎么说，能上好的学校就有可能找到更好的工作”，父母的这种想法是导致职高孩子在面对选择时陷入迷茫的重要原因。不同的孩子有不同的特点，不是所有的孩子都适合升学。帮助孩子客观地认识自己，针对自己的实际情况分析利弊，进而做出理性的选择。在这个过程中，父母可以作为积极的伙伴参与其中，提供信息和建议，但最终要尊重孩子的选择。一旦孩子做出了选择，父母要告诉孩子无论如何选择，想要有收获都必须付出艰辛的努力。

现在的就业市场蓝领缺口很大，但一些父母总不愿意让孩子成为蓝领。父母一定不要图面子，在考虑孩子未来职业的选择时，需要踏踏实实的态度。

3. 如何帮助孩子克服孤独感？

偶然看到孩子的随笔，被震惊了：“我的心里住着一个苍老的小孩，没有人关注也没有人明白，我对影子表白。”“孤独像黑夜吞噬我，我无力挣扎。”……细细想起来，孩子一直独来独往，我们也没有特别在意，只觉得是性格原因，没想到孩子孤独感这么重。我又心疼又担忧。

独来独往未必会让人感到孤独。孤独，是感到自身和外界隔绝或受到外界排斥所产生的孤伶苦闷的情感。

随着独立意识的增长和自我意识的发展，高二学生可能产生较强的孤独感。他们感到自己和任何人都是不一样的，而且没有人理解自己的感受。在这个过程中，他们逐渐摆脱父母走向独立，多数孩子会积极地投入与同龄人的交往中，有的孩子因为内向、不善于交往或自卑感而不愿与人接触，觉得自己不如别人，或担心自己某些方面被人耻笑，在心中构筑起一道篱笆墙。这样的孩子孤独感就会比较重，父母要鼓励孩子广泛交往，多关注自己和别人的优点，主动关心别人，体验友谊的温暖。

除了引导孩子与外界多接触外，还可以帮助孩子从另一个角度理解孤独。每个人都会有孤独的感受和体验，孤独的时候能够更多地关注自己的内心，理解自己，在强大自我的引领下，走出孤独，完成人格的升华。有关的书籍比较多，例如《孤独六讲》（蒋勋）、《心是孤独的猎手》（卡森·麦卡勒斯）等，可以推荐给孩子看看，高二的孩子比较适合用自我暗示法进行调整。

4. 孩子消极情绪严重怎么办?

孩子考上市重点高中时，全家既高兴又担心，我家在县城，家庭条件比较差，怕孩子被歧视。果然，孩子每次回家都满脸沮丧，说数学测验他的分数比同桌低，可老师找同桌谈话却没找他，肯定是觉得他没希望了，而同桌的父母是大学老师；说寝室里的同学背地里议论他身上有味……孩子现在已经上高二了，看见他总是愁眉不展，我们真难受。

每个家庭为孩子提供的教育和生活条件不同，住校生活可能会展现这些差异，高中孩子特别在意周围人对自己的看法，自尊心过强导致的压力让孩子敏感且脆弱。

父母的态度对孩子影响很大，大多数悲观者，其父母中至少有一方人生态度是悲观的。父母首先要改变自己消极的思维方式，引导孩子从积极的角度看待问题：老师不找你谈话，可能是因为老师信任你，相信你自己会反思总结，不需要过多的提醒。改变思维方式不是一件易事，可以通过四步法学会反思：第一是问自己，我的结论真的符合事实真相吗？第二，转换角度看事情，结果会怎样？第三，跳出圈子看事情又会怎样呢？是否只有寝室的同学觉得我身上有味？我的个人卫生有问题吗？我是否也为来自县城而自卑呢？第四，是否反思过自己的卫生习惯并且采取了措施？通过四步反思，学会客观看待事物。

“拥有阳光心态的人，全世界都会为他让路。”父母要经常面带微笑，发现、赞美孩子的优点，让孩子逐步形成积极的自我暗示和保持乐观的生活态度。

5. 孩子对自己期望过高怎么办？

儿子升入高中后成绩一直一般，但每次考试之前他都说他要考入多少多少名。我们劝他把目标定得低一点，可他大发脾气，说我们不相信他。升入高二之后，儿子的成绩还有小幅度的下滑，他感到深深的挫败感，但仍旧有不切实际的期待。怎样才能让他正确地认识自己呢?

父母首先要真心接纳孩子的现状，孩子对父母的期望值是非常敏感的。有的父母在孩子小时候有较高的期望值，随着孩子长大慢慢地降低期望值，但内心是勉强和无奈的，与父母朝夕相处的孩子能够捕捉到父母真实的心情。如果是这种情况，父母一定要先调整好自己，让孩子感到现在的自己是真心被父母接纳的。在坦诚和放松的氛围中再和孩子进一步沟通，充分了解他们的学习状况和困难，一起根据孩子的实际情况确立恰当的目标。具体制定目标时一定要考虑三点：一是孩子要对其学习基础有客观的了解；二是孩子要明确目前学习方法的优劣，适当进行调整；三是分阶段制定目标，循序渐进，稳步提高。

因为思维发展的限制，高二孩子不能客观评价自己的情况是否正常，父母可以帮助孩子建立自己的评价体系，比如鼓励孩子和老师多交流，老师经验丰富，能够帮助孩子定位；鼓励孩子和同学多交往，在横向的比较中，孩子可以发现自己学习和思维方法的优劣；此外，鼓励孩子多接触大自然，加强体育锻炼，孩子的心情放松了，更容易接受各方面的意见，更正确地认识和评价自己。

6. 女儿总是怀疑自己的学习能力怎么办?

女儿高一时各科成绩都比较均衡，自己选择了理科。升上高二，几次考试受挫后，孩子开始怀疑自己的学习能力，总说女生的理科就是不如男生，别人很快能掌握的知识自己要学好几遍，还不一定有别人考得好。我用了好多文章、事例来鼓励孩子都没有用，真是苦恼。

对于高二的孩子，心灵鸡汤文和笼统的激励话都没有用。孩子说自己不够聪明是因为她认为能力是固定的，但一个人的各方面能力都是在不断发展的，自己跟自己比有进步就好。

高二学习对思维能力确实有比较高的要求。其一，父母可以鼓励孩子通过与老师、同学交流认识了解自己的思维方式：一个题目，自己和别人的思考方法有何不同，自己的方法是否需要改进。

其二，鼓励孩子用理性的观念和态度突破女生理科不如男生的刻板印象。以数学为例，在大部分国家，男女数学成绩差异很小，男女越平等差异就越小。挪威和冰岛，由于他们长期推行男女性别平等政策且落到实处，因此这两个国家的女生表现最为突出，冰岛女生的数学成绩高于男生。相反，在巴林、约旦等男女地位差别较大的伊斯兰教国家，男性在数学上的优势就很大。可见，社会文化氛围的影响更大。另外，从脑科学的角度来看，男女生的差异也是非常微小的。

如果方法得当，取得同样的成绩，孩子比别人付出更多，那这正是孩子值得赞扬的地方。当努力成为一种习惯，他就会比别人走得更远。

7. 该不该告诉孩子父母已经离婚？

我儿子今年读高二，孩子父亲因为种种原因执意离婚。我不知道此时是否应该告诉孩子父母离婚了。孩子父亲在另外一个城市生活，我既要承受离婚的剧痛，还要承担抚养孩子的责任。不告诉孩子吧，他早已察觉我们夫妻关系恶化，他父亲也不再经常回来看他；告诉吧，担心对孩子打击太大，影响他高考。

高二的孩子已经懂得很多，想长期隐瞒不太现实。您坦诚地与他沟通，负面影响比他自己猜测或发现要小。

虽然孩子明白，但建议您事先铺垫一下，例如找两个父母离异的例子，一个孩子郁郁寡欢，影响了自己的学习和发展，一个孩子变得更加坚强自立，不断进步、不断收获。家庭破裂对任何人来说都是一件不愉快的事情，但产生了截然不同的结果，关键还在于当事人的态度和行动。高二的男生已经是个小小男子汉了，不仅要对自己负责，还要和妈妈互相支持走出这段阴影。

离异的父母不要在孩子面前攻击对方，父母形象的崩塌对孩子是又一沉重打击。应该告诉孩子，这是父母两个人之间的事情，你们尊重彼此的选择，但不影响到各自对孩子的爱。

您的态度会直接影响孩子。您不自怨自艾，乐观积极地面对新的挑战，把家庭生活安排得快乐充实。孩子不再为您担心，也更容易调整自己的心态。

和孩子交流之后，您可以约孩子的老师谈一次，请老师多留心孩子在学校的反应，在适当的时候给孩子以鼓励。您和老师的沟通可以先不告诉孩子。

8. 孩子为什么不爱理父母？

上高二的女儿和同学有说不完的话，她和同学不停地发微信，有一次我听到她和另一个同学通话时说，她一个月和某某（她的一个好朋友）发了600多条微信。可是，她和我们却没有多的话，周末也不爱待在家里，和同学到学校上自习，给她发十多条微信才回个“嗯”。我把孩子当作自己的一切，她的每一点喜怒哀乐我都放在心里，孩子却对我这么冷漠，真是想不通。

家的吸引力来自和谐、愉快和充满爱的家庭氛围。为孩子奉献一切，这样的爱会给孩子带来极大的心理压力。有的父母习惯拿着放大镜寻找孩子的错误，美其名曰“爱之深，责之切”，孩子在家里总是受批评指责，而跟同学在一起是平等自由的交流，他当然选择后者。

批评孩子要就事论事，绝不以偏概全，攻击孩子的品行。父母可以反思一下自己平时和孩子交流经常使用的语言，责备羞辱、道德说教、冷嘲热讽、命令指使、评价预测，都在有意无意地攻击孩子的品行，足以让孩子受到伤害，使孩子逐渐变得冷漠。

父母与孩子交流时要有五心：喜悦心——发自内心地欣赏和喜欢孩子；包容心——允许孩子犯错误，并告诉孩子错误是成长的资源；同理心——说话之前站在孩子的立场思考一下孩子听了这话会有什么感想；赞美心——真诚地鼓励和肯定孩子；爱心——给孩子发自内心的无条件的爱。

最重要的是，父母应该多花时间成长自己，让自己的内心充满爱、宁静和喜悦，才能营造良好的家庭氛围。

9. 父母文化水平不高如何帮助孩子的学习？

孩子学习一直很刻苦，进入高中后更加努力，每天早早起来读英语，课间也不休息，晚上学到深夜，近视度数不断加深，但辛勤的耕耘却换不来收获。她学习成绩不断下滑，高一时还勉强处于中等，高二都快滑到底了。看着孩子的疲惫、无奈和挣扎，我又心疼又着急，但自身文化水平不高，无法辅导高二孩子的学习，我能怎么帮助孩子呢？

高中学习的广度深度比初中有大幅度提高，仅靠勤学苦练不能满足高中的学习要求。在学习时间有限的情况下，引导孩子提高学习效率，是高二父母能够帮助孩子做的最有价值的事情。

首先，引导孩子改变疲劳战的恶性循环。减少活动时间，甚至压缩睡眠时间来学习，这样既违背了脑力活动张弛有道的规律，影响孩子的学习状态，还会损害身心健康。父母可以引导孩子制定合理的作息制度，保证足够的睡眠和适度的运动，以保证大脑清醒、精力旺盛。

其次，引导孩子养成高效学习的习惯，把学习时间分成单元，中间插入休息和活动时间。学习时眼、耳、手、脑并重，有助于集中注意力。

最后，引导孩子关注并调整自己的学习策略。父母可以给孩子推荐相关的书籍信息，同时鼓励孩子请教老师、与同学探讨，在问中学，在学中问，找到适合自己的方法。

10. 如何帮助孩子化解与老师的矛盾？

女儿有一次在早读时间和后面的同学讨论前一天的作业，班主任老师正好进教室看见了，就批评孩子聊天，态度比较严厉。女儿站起来跟老师辩解，一来二去就吵了起来。女儿非常生气，说老师对她有偏见，早读经常有同学讨论问题老师没说什么，自己就这一次却被批评了。现在女儿上班主任的数学课都不好好听讲，作业也不交，如何解开女儿这个心结呢?

当孩子与老师有误解和矛盾的时候，需要父母做沟通和疏导工作。

首先，告诉孩子别太在意，这对老师来说只是日常管理中的一件小事，他不会因此对你产生偏见，也不知道你会因此产生情绪；老师不是完人，也有心情不好的时候，老师误会了你，你最好私下给老师解释，当面顶撞争吵还是对老师有失尊重。作为高二的孩子，要理解和尊重他人，也要有自己的判断，和老师怄气影响自己的情绪和学习是不成熟的表现。

其次，父母可以私下和老师交流，让老师了解孩子的思想动态，和老师一起想办法化解孩子的心结。

对于高二的孩子，父母还可以鼓励孩子自己去处理这件事情，试着坦诚地与老师沟通。日后孩子在面对类似的问题就会有处理经验。

最后，在孩子情绪平静的时候，父母要提醒孩子强化规则意识，早读时间原本就不应该讨论。规则是用来保护自己的，别人不守规则不是你不守规则的理由。如闯红灯的人不止一个，也有各自的理由，遭遇事故的后果只能由个人承担。

11. 有什么好办法让儿子不再打架惹事?

最近，儿子又参与了打架，和前几次相比，这次后果最严重，他们三个人打伤了外校同学。儿子不是主谋，被处以留校察看的处分，学校说如果儿子再犯此类错误，就开除，可怎么保证儿子不再犯错呢？前几次我都是狠揍，儿子也说要改正，可他说“一听到哥们儿受欺负就忘了其他”，怎么样才能让儿子长记性呢?

对高二的孩子，尽量不要使用体罚。体罚不仅起不到警示作用，还会强化孩子的暴力倾向、破坏亲子关系，要以沟通为主，尤其是面对比较严重的错误时。

孩子受了学校处罚，心里肯定也不好受，父母要理解孩子此时的懊丧心情。在此基础上让孩子认识到其行为可能带来更为严重的后果。

很多孩子其实并不是乐意参与打群架，而是碍于面子，别的朋友都去了，自己没去，觉得会被小瞧。父母要肯定孩子看重情谊这一点，但要让孩子明白怎样才是真的帮助朋友：你本意是为同学好，但实际是帮了倒忙，搞得同学处于被动地位——既得赔偿受害者经济损失，又受到学校处分。假设你不参与这件事，同学可能会选择其他方法解决问题。化解矛盾的方法很多，不一定非要用暴力。父母还要进一步指出事情的严重后果：现在你只能自己承担你行为的后果，如果你因此触犯了法律，也只能自己承担。出了事谁也负不了责，讲义气的结果是没义气，到后来朋友也做不了。

主要参考文献

1. 瑞迪，哈格曼 . 运动改造大脑：关于运动与大脑的科学［M］. 浦溶，译 . 杭州：浙江人民出版社，2013.

2. 吴清忠 . 人体使用手册［M］. 上海：上海交通大学出版社，2013.

3. 斌卡 . 一平米健身［M］. 长沙：湖南文艺出版社，2016.

4. 清崎，莱希特 . 富爸爸穷爸爸［M］. 萧明，译 . 海口：南海出版公司，2013.

5. 李扬，王国刚 . 金融蓝皮书：中国金融发展报告（2016）［M］. 北京：社会科学文献出版社，2017.

6. 刘称莲 . 陪孩子走过高中三年［M］. 北京：北京联合出版公司，2016.

7. 吉诺特 . 孩子，把你的手给我［M］. 张雪兰，译 . 北京：京华出版社，2004.

8. 邓林园，等 . 中国高中阶段家校合作的现状以及与高中生发展的关系 . 教育学报，2016.

后记

《这样爱你刚刚好》是自孕期开始至大学阶段一套完整的新父母教材，全套共20册，0—20岁每个年龄段一本。之所以如此设计，是基于向不同年龄孩子的父母提供精准专业服务的需要。与常见的家庭教育图书相比，它不是某一位作者的个人体会和心得，而是40余位国内家庭教育专家集体研究和讨论的结晶，具备完整、科学的体系，代表了我国家庭教育发展的主流。

全国政协副秘书长、民进中央副主席、中国教育学会家庭教育专业委员会理事长、新教育实验的发起人朱永新教授，最先提出了编写如此庞大规模的新父母教材的设想，并且担任了第一主编。我和新家庭教育研究院副院长蓝玫一起，与中国青少年研究中心家庭教育研究所所长、《少年儿童研究》杂志主编刘秀英编审，中国青少年研究中心少年儿童研究所所长孙宏艳研究员和上海师范大学学前教育系主任、博士生导师李燕教授三位分主编，讨论并确立了本套教材的编写框架。

在中国的家庭教育领域，已经有多种多样的教材或读本，但水平参差不齐，而决定质量的关键因素是编写思想与专业水准。因此，新家庭教育研究院联合中国青少年研究中心和上海师范大学一起组建高水平的专业团队，来完成这一重大而具有创新意义的任务。具体分工如下：由上海师范大学学前教育系承担孕期及学前教育阶段的编写任务，由中国青少年研究中心家庭教育研究所承担小学教育阶段的编写任务，由中国青少年研究中心少年儿童研究所承担中学教育及大学阶段的编写任务。

中学阶段的作者是：七年级，中国青少年研究中心少年儿童研究所副研究员赵霞；八年级，中国青少年研究中心原特约科研人员、北京师范大学在读博士王丽霞；九年级和高一年级，中国青少年研究中心少年儿童研究所所长、研究员孙宏艳；高二年级，中国青少年研究中心少年儿童研究所副编审张旭东；高三年级，中国人民大学附属中学教师杨卓姝。

我与刘秀英、孙宏艳和李燕三位分主编担任了审读与修改任务，在我突患眼疾的情况下，蓝玫副主编、首都师范大学副教授李文道博士承担了部分书稿的审读任务。第一主编朱永新教授亲自审读了每一册书稿，并提出了细致的意见，承担了终审的责任。

湖南教育出版社在黄步高社长的坚强领导下，不仅以强大的编辑团队完成了出版任务，而且创办了一年一度的家庭教育文化节，为推进我国家庭教育发展提供了强大的学术支持，展现了优秀出版社的远见、气魄和水准。

作为一个从事教育事业45年的研究者，我撰写和主编过许多著作，却很少有过编写新父母教材这样细致而艰巨的体验：从研讨到方案，从创意到框架，从思想到案例，从目录到样章，等等。尽管如此，这套教材还存在很多不足。同时我也深知，一套教材的使命，编写与出版其实只是完成了一半，另一半要依靠读者完成。或者说，只有当读者认可并且在实践中发展和创新了，才是一套教材的真正成功，也是对作者和编者的最高奖赏。

我们诚恳希望广泛听取读者和专家学者的批评指正，我们对您深怀敬意和期待！

孙云晓

2017年9月

图书在版编目（CIP）数据

这样爱你刚刚好，我的高二孩子 / 朱永新，孙云晓，孙宏艳主编. —长沙：湖南教育出版社，2017.11
ISBN 978-7-5539-5742-5

Ⅰ. ①这…　Ⅱ. ①朱…　②孙…　③孙…　Ⅲ. ①高中生—家庭教育　Ⅳ. ①G782

中国版本图书馆CIP数据核字（2017）第214049号

ZHEYANG AI NI GANGGANGHAO,
WO DE GAOER HAIZI

书　　名　这样爱你刚刚好，我的高二孩子
出 版 人　黄步高
责任编辑　罗青山　刘文华
封面设计　天行健设计
责任校对　刘　源　崔俊辉
出　　版　湖南教育出版社（长沙市韶山北路443号）
网　　址　http：//www.hneph.com
电子邮箱　hnjycbs@sina.com
微信服务号　极客爸妈
客　　服　电话 0731-85486979
发　　行　湖南省新华书店
印　　刷　深圳当纳利印刷有限公司
开　　本　787 × 1092　16开
印　　张　12.25
字　　数　100 000
版　　次　2017年11月第1版　2017年11月第1次印刷
书　　号　ISBN 978-7-5539-5742-5
定　　价　48.00元

如有质量问题，影响阅读，请与湖南教育出版社联系调换。
联系电话：0731-85486979